高校美育教师手册

杜卫 / 主编

时代出版传媒股份有限公司
安徽教育出版社

图书在版编目（CIP）数据

高校美育教师手册／杜卫主编. —合肥：安徽教育出版社，2024.6(2025.5重印)
ISBN 978-7-5748-0257-5

Ⅰ.①高… Ⅱ.①杜… Ⅲ.①美育—教学研究—高等学校 Ⅳ.①G40-014

中国国家版本馆 CIP 数据核字（2024）第 101935 号

高校美育教师手册

GAOXIAO MEIYU JIAOSHI SHOUCE

| 出 版 人：王能玉 |
| 统筹编辑：江 舟 徐 宇 |
| 责任编辑：江 舟 徐 鹏 陶忠娣 付 静 徐 宇 |
| 装帧设计：吴亢宗 |
| 责任印制：陈善军 |
| 技术支持：王鹏飞 吴立辉 |
| 出版发行：安徽教育出版社 |
| 地　　址：合肥市经开区繁华大道西路 398 号　邮编：230601 |
| 网　　址：http://www.ahep.com.cn |
| 营销电话：(0551)63683012,63683013 |
| 排　　版：安徽时代华印出版服务有限责任公司 |
| 印　　刷：安徽联众印刷有限公司 |
| 开　　本：650 mm×960 mm　1/16 |
| 印　　张：20 |
| 字　　数：210 千字 |
| 版　　次：2024 年 6 月第 1 版 |
| 印　　次：2025 年 5 月第 2 次印刷 |
| 定　　价：58.00 元 |

（如发现印装质量问题，影响阅读，请与本社营销部联系调换）

本书编写组

主　编

杜　卫

副主编

孙　瑜　赵　洪　刘　惠　陆阳秋

编写组成员

丁　卓　叶泽洲　刘　洋　刘　惠　刘　韬

孙　瑜　杜　卫　李　冰　吴妮妮　张欣杰

何　茜　何　梅　沙家强　陆阳秋　易晓明

郝云超　赵　洪　蔡晓鸥

前言

"美育"自1901年被引入中国以来,已经历了一百多年。我国的美育事业几经起伏,终于在2018年迎来了大发展的"春天"。2018年,习近平总书记在给中央美术学院老教授的回信中指出:"你们提出加强美育工作,很有必要。做好美育工作,要坚持立德树人,扎根时代生活,遵循美育特点,弘扬中华美育精神,让祖国青年一代身心都健康成长。"在同年召开的全国教育工作会议上,习近平总书记提出,要培养德智体美劳全面发展的社会主义建设者和接班人,"五育并举"遂成为党和国家的教育方针。2020年,中共中央办公厅、国务院办公厅印发《关于全面加强和改进新时代学校美育工作的意见》,对学校美育的性质、功能、目标作了前所未有的系统阐述,明确了"美育是审美教育、情操教育、心灵教育,也是丰富想象力和培养创新意识的教育",并对加强和改进学校美育工作作了全面部署。2023年,教育部发布了《关于全面实施学校美育浸润行动的通知》,这是全面贯彻党的教育方针,落实立德树人根本任务,大力发展素质教育,进一步加强和改进学校美育工作的一次全面、具体的部署。

在党和国家高度重视美育工作的背景下,我国高校美育事业得到了长足发展。各高校纷纷组建承担美育课程教学的机构,努力实现美育课程"开齐开足"的目标,壮大美育教师队伍,并开展丰富多彩的校园美育活动。同时,美育教师和美育教学管理者们也产生了深入了解高校美育课程的性质、目标和方法的强烈需求。中国高等教育学会美育专业委员会自2019年以来,便把每年年会的主题都确定为高校美育的课程建设与教学改革,尽可能为会员搭建有效的交流平台,竭力满足会员建设好美育课程的愿望。几年来,我接触了许多一线高校美育教师,了解到他们对高校美育工作有诸多疑惑,渴望有一些有针对性的资料,帮助他们提高美育教学质量。

高校美育是基于审美经验的人文教育。"基于审美经验"是指美育课程和美育活动都离不开审美的欣赏和创造,脱不开感知、想象和情感体验的参与;"人文教育"是指美育的育心特征,具有提升人的人文气质和精神境界的特殊作用。美育就是要通过学生的感知、想象和体验,把人类优秀的文化基因深植于学生的内心深处,为学生认知的发展、道德的提升和创造力的培养提供一个良好的情意基础。因此，美育课不简单等同于知识教学课或技能训练课，而是通过艺术地育人，在艺术教学中培养学生的美育核心素养。正因为高校美育是基于审美经验的人文教育，所以美育不能"立竿见影"和"急功近利"，而应该用"浸润"的方法，潜移默化地发挥作用。我们要在坚持立德树人这个大方向的前提下，遵循美育自身特点，发挥美育不可替代的育人作用，提高美育成效。

正是基于这样的思考，我们编写了这样一本针对性和实用性比较强的手册，为高校一线美育教师提供一些美育知识、观念和方法方面的帮助。第一，摘录了一些重要论述和政策文件，期望教师们能了解党和国家对美育工作的重视及一些相关的政策保障，帮助教师们明确美育在高校育人体系中的重要地位。第二，围绕高校美育课程建设，介绍了高校美育课程的性质和目标，帮助教师们用美育的观念提升艺术课程的育人成效；介绍了高校美育课程的教学方法和美育教材的种类，希望有助于教师们设计美育课程、写好教案，提高教学效果；介绍了高校美育课程的评价方法，希望有助于在岗教师们探索适合自己校情的学生美育学习评价模式。第三，介绍了高校美育活动的目标、任务以及几种常见的、比较有成效的美育活动类型与组织方法。第四，介绍了美育对教师综合素养的基本要求，希望有助于在岗教师们不断进修，提高自己作为美育教师的素养。第五，附上为高校美育教师推荐的阅读书目。我们尽力把这本手册编得精练些，语言通晓些，以方便教师们翻检、理解和携带。

  本书的编写者多数是高校一线美育教师，他们都承担了高校的美育课程教学工作，负责高校美育活动的策划与组织。他们拥有丰富的美育教学经验，多数都获得过各级教学奖项。编写者中还有两位来自师范大学教育学学科专业美育方向的博士生导师，她们为本书增加了不少教育学要素。如果这本书能对高校美育教师提高教学成效起到一点积极作用，我们会感到十分欣慰。

  由于时间紧，加之编写者水平有限，本书难免会存在一些缺憾，敬请读者提出宝贵意见。

杜 卫

2024 年 2 月 26 日

目 录

001 **第一章**
关于美育的重要论述及文件解读

002　第一节　习近平总书记关于美育的重要论述
010　第二节　高校美育建设总目标及工作原则
016　第三节　高校美育教学、科研目标及工作要点
022　第四节　高校美育实践活动的目标及工作要点
025　第五节　高校美育评价体系建设目标及工作要点
027　第六节　高校美育保障体系建设目标及工作要点
032　第七节　高校美育建设方向

038 **第二章**
高校美育的性质与目标

038　第一节　何谓美育
052　第二节　高校美育的属性
067　第三节　高校美育的目标

第三章
高校美育课程的教学方法

- 085 第一节 课程观及教学观
- 090 第二节 高校美育教学法研究
- 108 第三节 高校美育课程教学设计与实施

第四章
高校美育教材分析

- 124 第一节 高校美育教材研究的背景与意义
- 133 第二节 高校美育课程教材使用现状分析
- 140 第三节 高校美育教材的基本特点
- 152 第四节 美育教材编写指导建议

第五章
高校美育课程评价

- 162 第一节 美育课程评价概述
- 163 第二节 高校美育课程评价改革
- 167 第三节 美育课程评价现状分析
- 182 第四节 美育课程评价实例分析
- 206 第五节 美育课程评价指导建议

第六章 高校美育活动的策划与指导

- 210 第一节 高校美育活动的释义与概述
- 215 第二节 高校美育活动的分类与组织
- 230 第三节 高校美育活动的案例鉴析
- 258 第四节 中华优秀传统文化传承基地建设的案例鉴析

第七章 高校美育教师综合素养

- 267 第一节 理论知识储存素养
- 275 第二节 艺术实践与作品解读素养
- 284 第三节 教学设计技能提升素养
- 289 第四节 艺术社团辅导素养
- 293 第五节 科研能力提升素养

附录 给高校美育教师的推荐书目

后 记

第一章 关于美育的重要论述及文件解读

美育是中国共产党教育方针的重要组成部分，学校美育工作是立德树人、培根铸魂的事业，在人的全面发展教育中占有极其重要的地位。

1978年，中共十一届三中全会胜利召开，重新确立了教育的重要性和方向，首次提出"培养德智体美全面发展的社会主义建设者和接班人"；1986年，伴随着人民群众生活水平的提升和审美需求的日益高涨，学校美育正式回归；1999年，中共中央、国务院印发《关于深化教育改革全面推进素质教育的决定》，从国家层面再次确定美育的价值，提出"美育要融入素质教育总体目标"；2002年，党的十六大报告重申"德智体美全面发展"的教育方针，全面推进素质教育；2010年，《国家中长期教育改革和发展规划纲要（2010—2020年）》巩固确立了美育在教育中的地位和作用,更清晰地提出"加强美育,培养学生良好的审美情趣和人文素养"……

回顾历史,40余年来,从摸索到提出,从倡导到落实,在党和国家的持续重视下,学校美育逐渐壮大。本章从历年重要论述和相关文件中选编介绍相关内容并作要义解读,主要阐释党的十八大以来关于美育的重要指示精神及工作要点。其中,第一节选取了习近平总书记近十年来(2014—2024年)关于美育、文艺的部分重要讲话及论述,第二节至第七节选取了2019年教育部《关于切实加强新时代高等学校美育工作的意见》,2020年中共中央办公厅、国务院办公厅《关于全面加强和改进新时代学校美育工作的意见》,2022年教育部《高等学校公共艺术课程指导纲要》,以及2023年教育部《关于全面实施学校美育浸润行动的通知》四份文件。在解读过程中为方便阐述,本章将上述四份文件分别简称为《19教育部意见》《20"两办"意见》《22课程纲要》《23浸润计划》。

第一节 习近平总书记关于美育的重要论述

一、习近平总书记给中央美术学院老教授的回信(2018,节选)

美术教育是美育的重要组成部分,对塑造美好心灵具有重要作用。你们提出加强美育工作，很有必要。做好美育工作，要坚持立德树人，扎根时代生活，遵循美育特点，弘扬中华美育精神，让祖国青年一代身心都健康成长。

习近平总书记的回信情真意切、立意高远、内涵丰富、催人奋进，充分体现了党和国家领导人对美育工作的高度重视和对学生身心健康成长的亲切关怀。回信中"美术教育是美育的重要组成部分"阐明了美育与艺术教育的异同，包括美术教育在内的艺术教育是美育的重要组成部分，凸显艺术教育之于美育的载体作用，同时又对如何加强和做好美育提出了四项工作原则。

一是要坚持立德树人。立德树人是教育的根本任务，是五育并举的总方向。从党的十七大提出"坚持育人为本、德育为先"，到党的十八大确立"把立德树人作为教育的根本任务"，再到党的十九大、二十大强调"落实立德树人根本任务"，"培养德智体美劳全面发展的社会主义建设者和接班人"，立德树人的重要地位不断凸显，"五育并举"的教育方针逐步增强。事实上，美育的德育功能早已被中西方学者认同。德国哲学家席勒在其著作《审美教育书简》中讲道：

> 在一个民族里，审美修养的高度发展和极大普及是与政治的自由和公民的美德，美的习俗是与善的习俗，举止

的文雅是与举止的真实携手并进的。[1]

由此可见，席勒把美育看作培养具有道德和理性的人的一种手段。《教育大辞书》中的"美育"条目引蔡元培先生的论述，说道：

> 美育者，应用美学之理论于教育，以陶养感情为目的者也。人生不外乎意志；人与人互相关系，莫大乎行为；故教育之目的，在使人人有适当之行为，即以德育为中心是也……所以美育者，与智育相辅而行，以图德育之完成者也。[2]

二是要扎根时代生活。不同的时代会产出风格多样、题材各异的文艺作品，美育也需要把握时代特征和不同代际群体的成长背景。作为美育的重要载体，优秀文艺作品能够深刻融入人民的日常工作、生活，发人深省。2014年，习近平总书记在文艺工作座谈会上讲道：

> 文艺是时代前进的号角，最能代表一个时代的风貌，最能引领一个时代的风气……推动文艺繁荣发展，最根本的是要创作生产出无愧于我们这个伟大民族、伟大时代的

---

[1] 席勒：《审美教育书简》，冯至、范大灿译，上海人民出版社，2003年，第81页。
[2] 唐钺等主编：《教育大辞书》，商务印书馆，1930年，第742页。

优秀作品。

高校美育教师更应在美育教学中关注时代特征,积极探索美育与专业教育及其他育人途径的融合,在各类教学改革实践中凸显美育的时代色彩。

三是要遵循美育特点。蔡元培先生在《对新教育之意见》一文中曾说:

> 世界观教育,非可以旦旦而聒之也。且其与现象世界之关系,又非可以枯槁单简之言说袭而取之也。然则何道之由?曰美感之教育。美感者,合美丽与尊严而言之,介乎现象世界与实体世界之间,而为之津梁。[1]

高校美育作为学校美育的重要一环,一定要遵循美育特点,积极探索,在艺术课程教学中不断激发学生的审美知觉、情感体验和想象,并有意识地将艺术与科技相结合,鼓励学生参与各种创意实践,使美育发展学生创造力的独特作用得到充分发挥,构建出多元化的校园美育生态,形成充满活力、多方协作、开放高效的学校美育新格局。

四是要弘扬中华美育精神。中国古代书画、诗歌、手工艺、建筑、曲艺等传统艺术皆是中华美育精神的重要表现形式。伴随着科学技术的进步,世界多样文明融入进来,衍生出一系列具有

---

[1] 蔡元培:《美育与人生——蔡元培美学文选》,山东文艺出版社,2000年,第5页。

中华民族特色的文艺新品。新时代,面对世界各种文化思潮更深程度的相互影响、碰撞,习近平总书记在《在文艺工作座谈会上的讲话》中提出:

> 我们要坚守中华文化立场、传承中华文化基因,展现中华审美风范。

高校美育承担着坚守民族文化根脉、弘扬中华美学及美育精神的时代使命,应引领全体师生通过对中华美学的深刻体验,形成更基础、更深厚、更广泛的文化自信,培养对中华美学及美育精神的深切认同感。

二、习近平总书记在全国教育大会上的讲话(2018,节选)

> 要努力构建德智体美劳全面培养的教育体系,形成更高水平的人才培养体系。要把立德树人融入思想道德教育、文化知识教育、社会实践教育各环节,贯穿基础教育、职业教育、高等教育各领域,学科体系、教学体系、教材体系、管理体系要围绕这个目标来设计,教师要围绕这个目标来教,学生要围绕这个目标来学。
>
> 要全面加强和改进学校美育,坚持以美育人、以文化人,提高学生审美和人文素养。

习近平总书记在全国教育大会上首次完整提出"培养德智体

美劳全面发展的社会主义建设者和接班人",将"立德树人""五育并举"纵向贯穿全学段、全类型,横向贯穿全单元、全系统,并将"以美育人""以文化人"作为学校美育工作的两个落脚点。这是中国共产党教育理论的重大创新,是教育方针的再一次升级,为今后的学校美育建设指明了方向。全体高校教师一定要从战略高度认识"立德树人""五育并举"的重要性,认识教师育人工作的艰巨性和全面性,坚持做为党育人、为国育才的"四有"好老师。

北京大学资深教授叶朗提出:

> 美育要高度重视思想和价值观的培育,以美育人、以文化人、立德树人,坚定文化自信、增强文化自觉,把社会主义核心价值观融入学校美育的各方面、各环节。[1]

全体高校教师需明确新时代学校美育为什么做、做什么、怎么做,进而凸显美育价值功能,完善系统设计,拓展浸润路径,强化育人成效。

三、习近平总书记在文化传承发展座谈会上的讲话（2023,节选）

只有全面深入了解中华文明的历史,才能更有效地推

---

[1]《做好美育工作　坚持立德树人——教育部召开学习贯彻习近平总书记给中央美术学院老教授重要回信精神座谈会》,《人民日报》2018年9月7日第6版。

动中华优秀传统文化创造性转化、创新性发展，更有力地推进中国特色社会主义文化建设，建设中华民族现代文明。

文化关乎国本、国运。

在新的起点上继续推动文化繁荣、建设文化强国、建设中华民族现代文明，是我们在新时代新的文化使命。

文化传承与发展是美育建设的重要使命与担当。2023年6月2日，习近平总书记在文化传承发展座谈会上发表的重要讲话着眼于强国建设、民族复兴，立足赓续中华文脉、建设现代文明，从党和国家事业发展全局的战略高度，对中华文化传承发展的一系列重大理论和现实问题作了全面、系统、深入的阐述，具有很强的政治性、思想性、战略性、指导性。这是一篇闪耀着马克思主义真理光芒、充盈着中华文化独特气韵的光辉文献，是建设中华民族现代文明和社会主义文化强国的行动指南。

同样，习近平总书记在致首届文化强国建设高峰论坛贺信中也指出：

我们要全面贯彻新时代中国特色社会主义思想和党的二十大精神，更好担负起新的文化使命，坚定文化自信，秉持开放包容，坚持守正创新，激发全民族文化创新创造活力，在新的历史起点上继续推动文化繁荣、建设文化强国、建设中华民族现代文明。

今天，面对多元文明相互激荡的新形势，面对科学技术日新月异的新局面，高校美育作为中华优秀传统文化守正创新的重要阵地，更应放眼创造性继承与创新性发展，使五千年华夏文明展现出新的蓬勃生机，绽放出新的时代光彩。正如党的二十大报告所指出的："坚守中华文化立场，提炼展示中华文明的精神标识和文化精髓，加快构建中国话语和中国叙事体系。"高校美育要侧重讲好中国故事，传播好中国声音，展示中华优秀文化艺术精品，努力增强大学生的文化归属感、认同感，进而达到文化自信、自强，让一代又一代的青年人不断推动文化繁荣、建设文化强国，用奋发昂扬的精神面貌书写民族复兴的伟大篇章。

四、习近平总书记在文艺工作座谈会上的讲话（2014，节选）

传承中华文化，绝不是简单复古，也不是盲目排外，而是古为今用、洋为中用、辩证取舍、推陈出新，摒弃消极因素，继承积极思想，"以古人之规矩，开自己之生面"，实现中华文化的创造性转化和创新性发展。

当然，我们强调弘扬社会主义核心价值观，继承和发扬中华民族优秀传统文化，坚持和弘扬中国精神，并不排斥学习借鉴世界优秀文化成果。我们社会主义文艺要繁荣发展起来，必须认真学习借鉴世界各国人民创造的优秀文艺。只有坚持洋为中用、开拓创新，做到中西合璧、融会贯通，我国文艺才能更好发展繁荣起来。

习近平总书记深刻阐明了当前文艺发展迫切需要解决的重大理论和现实问题，提出了新思想、新观点、新论断、新要求，对文艺事业发展和学校美育建设极具针对性、战略性、思想性、创新性，是指导全党不断开创文艺工作新局面的行动纲领，是繁荣发展中国特色社会主义文艺事业的科学指南，是文艺战线和文化工作者学习马克思主义文艺理论的最新、最好的教材。在中国历史上相隔七十二年的两个文艺工作座谈会，一个正值中华民族生死存亡的关键时刻，一个适逢欣欣向荣的新时代，两个历史瞬间，跨越时空，遥相呼应。

当前，以美育引领社会文化繁荣与发展，开创新局面，已经成为新时代国家文化发展的重要战略，习近平总书记的重要讲话是对马克思主义文艺理论的发展，为美育理论和美育实践的发展指明了方向。高校美育教师要辩证融通地讲好美育，引导学生树立和坚持正确的世界观、历史观、民族观、国家观、文化观，增强做中国人的骨气和底气，在新时代新征程中担负起传承和弘扬中华优秀传统文化的历史使命。

第二节　高校美育建设总目标及工作原则

一、价值意义

美是纯洁道德、丰富精神的重要源泉。学校美育是培根铸魂的工作，提高学生的审美和人文素养，全面加强和改进美育是高等教育当前和今后一个时期的重要任务。

——《19教育部意见》

美育是审美教育、情操教育、心灵教育，也是丰富想象力和培养创新意识的教育，能提升审美素养、陶冶情操、温润心灵、激发创新创造活力。

——《20"两办"意见》

《19教育部意见》指出高等教育必须全面加强和改进美育工作，《20"两办"意见》从四个维度阐明美育的价值功能。从2013年党的十八届三中全会提出"改进美育教学，提高学生审美和人文素养"，到2023年的《23浸润计划》，短短十年，学校美育建设飞速发展，育人成效也逐渐显现，国家文化软实力逐年提升、国际影响力显著增强，全国人民精神生活、物质生活逐年向好。各高校应立足当下、放眼未来，致力于做好新时代学校美育工作，将美育系统贯穿育人全过程，开启全民美育新阶段。

二、指导思想

以习近平新时代中国特色社会主义思想为指导，全面贯彻党的教育方针，坚持社会主义办学方向，以立德树人为根本，以社会主义核心价值观为引领，以提高学生审美和人文素养为目标，弘扬中华美育精神，以美育人、以美化人、以美培元，把美育纳入各级各类学校人才培养全过程，贯穿学校教育各学段，培养德智体美劳全面发展的社会主义建设者和接班人。

——《20"两办"意见》

以浸润作为美育工作的目标和路径，将美育融入教育教学活动各环节，潜移默化地彰显育人实效，实现提升审美素养、陶冶情操、温润心灵、激发创新创造活力的功能。

——《23浸润计划》

《20"两办"意见》注重顶层设计，从更高站位对学校美育工作进行再认识、再深化、再设计、再推进。与之相比，《23浸润计划》更注重具体工作的实施，它的不同之处在于从育人根本明确美育要浸润地、全方面地融入教育教学活动各环节，以"润物细无声"的方式实现四大育人功能，彰显育人实效。

对此，以习近平总书记提出的综合体系建设、教师目标和学生目标为工作方向，结合《23浸润计划》中明确提出的"以美育浸润学生，以美育浸润教师，以美育浸润学校"三大工作维度，教育部首届全国高校美育教学指导委员会副主任委员、中国高等教育学会美育专业委员会理事长杜卫教授在《坚持立德树人 遵循美育特点 开创新时代学校美育工作新格局》中提出了做好学校美育建设的"三个抓手"。

一是要以八项行动为抓手，"建构全方位、全过程、全员参与的学校美育工作体系"。美育目标的达成需要长时间、多方面的养育过程。全面实施学校美育浸润行动就是深刻领会、贯彻习近平总书记的重要指示精神，落实文件中明确的八项具体工作举措，建构全方位、全过程、全员参与的美育工作机制。二是要以美育教师为抓手，以点带面落实美育浸润行动。教师是教育教学工作的组织者，他们工作在落实美育目标的"最后一公里"。依靠具有正确的美育观念和美育意识、具备较高的审美和人文素养的美育教师，带动做好美育工作，增强全体教师的美育意识，以及各级教育行政部门的领导干部和学校领导的美育意识，使学校上下各点联动，贯通形成覆盖全体的美育面。三是要以美育特点为抓手，重点提升美育成效。美育作为"五育"中的一个教育形态，其突出特点就是教学过程的多样化、个性化及发展创造力的功能。要想真正实现"以美育人、以美化人"，必须遵循美育特点，尊重教育规律。只有在充满活力的美育过程中，学生的情感体验和想象力才会得到激发，从而使美育成为发展学生创造力的重要途径。[1]

三、工作原则

坚持正确方向。将学校美育作为立德树人的重要载体，坚持弘扬社会主义核心价值观，强化中华优秀传统文化、革命文化、社会主义先进文化教育，引领学生树立正确的历史观、民族观、国家观、文化观，陶冶高尚情操，塑造美好心灵，增强文化自信。

---

[1] 杜卫：《坚持立德树人 遵循美育特点 开创新时代学校美育工作新格局》，中华人民共和国教育部网站，2024年1月17日。

坚持面向全体。健全面向人人的学校美育育人机制，缩小城乡差距和校际差距，让所有在校学生都享有接受美育的机会，整体推进各级各类学校美育发展，加强分类指导，鼓励特色发展，形成"一校一品""一校多品"的学校美育发展新局面。

坚持改革创新。全面深化学校美育综合改革，坚持德智体美劳五育并举，加强各学科有机融合，整合美育资源，补齐发展短板，强化实践体验，完善评价机制，全员全过程全方位育人，形成充满活力、多方协作、开放高效的学校美育新格局。

——《20"两办"意见》

《19教育部意见》《20"两办"意见》《22课程纲要》三份文件都明确了"三个坚持"原则，即"坚持正确方向""坚持面向全体""坚持改革创新"。高校美育教师要从这"三个坚持"中深刻认识美育的战略地位和育人价值，认真领会美育工作的重要意义。要做好这项"培根铸魂"的工作，首先要提高政治站位，提升思想觉悟、政治觉悟，与党中央的思想同行，与推进素质教育的目标同行，与人才全面发展的迫切需求同行。其次要提高自身育人意识，增强责任感和使命感，充分理解"全员全过程全方位"的意义，为深入实施新时代人才强国、教育强国战略保驾护航。最后要激发创新意识，从问题出发，从需求出发，加强学科融合，构建科学、合理的多维度美育体系。

四、总体目标

到 2022 年,学校美育取得突破性进展,美育课程全面开齐开足,教育教学改革成效显著,资源配置不断优化,评价体系逐步健全,管理机制更加完善,育人成效显著增强,学生审美和人文素养明显提升。到 2035 年,基本形成全覆盖、多样化、高质量的具有中国特色的现代化学校美育体系。

——《20"两办"意见》

以美育浸润学生,全面提升学生文化理解、审美感知、艺术表现、创意实践等核心素养,丰富学生的精神文化生活,让学生身心更加愉悦,活力更加彰显,人格更加健全。以美育浸润教师,发挥教师职业的美育功能,提升全员美育意识和美育素养,塑造人格魅力,涵养美育情怀。以美育浸润学校,打造昂扬向上、文明高雅、充满活力的校园文化,建设时时、处处、人人的美育育人环境。

——《23 浸润计划》

从时间上来看,在总体目标的制定上,各文件提及 2022 年、2035 年、2027 年三个时间点。2022 年是《20"两办"意见》中提出的,通过两年的建设,达到新时代美育建设第一阶段的要求,学校美育取得突破性进展,育人成效显著增强,长远目标计划到 2035 年完成。2027 年是《23 浸润计划》中提出的,此时已完成2022年建设目标，且完成2019年教育部《关于开展体育美育浸润行动计划的通知》工作任务，是为下一个五年制订的新一轮行动计划。

从工作内容来看，学校美育建设大体分为三个阶段、三项任务。第一阶段是打好基础，加快推进课程、资源、评价、机制各方面建设，同时完成浸润行动的第一轮试点工作。第二阶段是夯实做强，在完成基础建设后，全面推进美育浸润，以美育浸润学生、浸润教师、浸润学校，基本构建形成高质量发展新格局。到了第三阶段，美育成效明显增强，通过不断创新、完善美育路径，基本完成构建全覆盖、多样化、高质量的具有中国特色的现代化学校美育体系的目标。

综上所述，高校及全体教师应聚焦阶段性目标要求，找准突破口和落脚点，在课程教学、师资队伍、资源配置、评价体系、管理机制等方面积极探索、实践，明确重点任务，力推新时代学校美育迈上新台阶。

第三节　高校美育教学、科研目标及工作要点

高校美育分为普及艺术教育即公共艺术教育、专业艺术教育和艺术师范教育三个重点领域，它们对应不同类型的高校，每一

个领域都应结合自身特点开展教学。非艺术专业院校（综合大学、理工科大学、高职高专）以开展面向全体学生的公共艺术教育为主，努力完善课程教学、实践活动、校园文化、艺术展演"四位一体"的推进机制；艺术专业院校的美育突出人文素养和文化积淀，更多侧重创新艺术人才培养模式、创作优秀文艺作品；师范院校的艺术专业则主要凸显师范教育特质，创新美育路径、办法，培养更多高素质美育教师。专业艺术课程与艺术师范课程属于专业教育，本书不述。

一、公共艺术课程目标与总体要求

高等教育阶段将公共艺术课程与艺术实践纳入学校人才培养方案，实行学分制管理，学生修满公共艺术课程2个学分方能毕业。鼓励高校和科研院所将美学、艺术学课程纳入研究生教育公共课程体系。

——《20"两办"意见》

加大课程建设力度，以审美和人文素养培养为核心，以创新能力培育为重点，着力提升文化理解、审美感知、艺术表现、创意实践等核心素养，形成"一校一品""一校多品"高等学校公共艺术教育新局面。

——《22课程纲要》

课程目标上应着力提升全体学生的文化理解、审美感知、艺术表现、创意实践等核心素养。强化学生的文化主体意识，培养具有崇高审美追求、高尚人格修养的高素质人才，以审美和人文素养培养为核心、以创新能力培育为重点、以中华优秀传统文化传承发展和艺术经典教育为主要内容。

工作要点应遵循"三进"原则，即进入人才培养方案、进入学分体系（最少2学分）、进入毕业资格审查。五育并举是党和国家的教育方针，是统领；将美育纳入学校各专业人才培养方案，保证不低于2学分、32学时的课时安排是落实国策的刚性需求。让美育教学工作有抓手、内涵有载体、教师有阵地，让所有在校大学生都享有接受美育的机会。最后，通过毕业资格审查激发学生的内驱力，促进综合素养的提升，强化人才培养意识。

二、公共艺术课程体系建设要点

公共艺术课程是我国高等教育课程体系的重要组成部分，是学校艺术教育工作的中心环节，是实施美育的主要途径。

公共艺术课程包括美学和艺术史论类、艺术鉴赏和评论类、艺术体验和实践类等三种类型课程。

职业院校要将艺术课程与专业课程有机结合，强化实践，开设体现职业教育特色的拓展性艺术课程。公共艺术课程设置要体现完整性、连贯性、系统性，符合人才培养定位和要求，不能因人设课。

——《22课程纲要》

逐步完善"艺术基础知识基本技能＋艺术审美体验＋

艺术专项特长"的教学模式。在学生掌握必要基础知识和基本技能的基础上，着力提升文化理解、审美感知、艺术表现、创意实践等核心素养，帮助学生形成艺术专项特长。

——《20"两办"意见》

《22课程纲要》提出公共艺术课程包括美学和艺术史论类、艺术鉴赏和评论类、艺术体验和实践类等三种类型课程，这是对2006年《全国普通高等学校公共艺术课程指导方案》的升级，各高校应以此为标准，结合"艺术基础知识基本技能＋艺术审美体验＋艺术专项特长"的教学模式，在教学实践中不断完善，更加科学、合理、系统地构建美育课程体系。这里有两点需特别注意：一是高等职业院校要将艺术课程与专业课程有机结合，突出实践教学；二是要遵循美育规律，不能因人设课。

另外，《23浸润计划》中也明确要求：

构建完善艺术学科与其他学科协同推进的美育课程体系，遵循美育特点，突出价值塑造。充分发挥艺术课程在学校美育中的主渠道作用，深入挖掘各学科蕴含的美育价值与功能，强化教学与实践的有机统一，健全课程教学实施监测与反馈改进机制。

各高校应立足特色、因材施教。结合本校学科建设、所在地域等教育资源的优势及教师的特长和研究成果，开设不同类型的公共艺术课程，深挖不同学科中蕴含的美育价值；借助于数字教育资源、美育实践基地等增强课程育人成效。

三、美育科研工作要点

提升高校美育科学研究水平，打造一批美育综合研究的高地和决策咨询的重地，建设一批美育高端智库，重点研究高校美育的课程和教材体系、教学规律和模式、考核评价标准、教师队伍建设等，深入研究中华美育精神。

——《19教育部意见》

加强美育科学研究，进一步发挥全国高校和中小学美育教学指导委员会的作用，建设一批美育高端智库和高水平研究平台。

——《23浸润计划》

国家在全国教育科学规划课题和教育部人文社会科学研究项目中设立了美育专项课题，深入研究学校美育改革发展中的重大理论和现实问题，研究制定高校美育课程学业质量标准，建设一批高校美育综合研究高地。其中，教育部于2020年成立全国高校美育教学指导委员会，深入研究面向全体大学生的美育教育质量相关问题；教育部职业院校艺术设计类专业教学指导委员会深耕专业艺术人才的培养规律；中国高等教育学会美育专业委员会团结和组织高校从事美育和艺术教育的人员，积极开展美育的理论研究与实践活动，成为教育部美育与艺术教育高端智库。这些美育学术团体已经成为国家高校美育决策咨询的重地。

四、美育教材建设工作要点

编写教材要坚持马克思主义指导地位，扎根中国、融通中外，体现国家和民族基本价值观，格调高雅，凸显中华美育精神，充分体现思想性、民族性、创新性、实践性。

——《20"两办"意见》

落实高等学校公共艺术课程教材建设主体责任，做好公共艺术课程教材研究、编写、审定、使用等工作。

——《22课程纲要》

2020年，教育部印发的《普通高等学校教材管理办法》中明确指出："高校教材是高等学校教育教学的基本依据，直接关系党的教育方针能否落实、教育目标能否实现。高校教材必须体现党和国家意志，服务国家发展战略。"结合美育育人需求，高校美育教材要坚持马克思主义指导地位，扎根中国、融通中外，体现国家和民族基本价值观，格调高雅，凸显中华美育精神。要落实美育教材建设主体责任，做好教材研究、编写、使用等工作，探索形成以美学和艺术史论类、艺术鉴赏类、艺术实践类为主体的高校公共艺术课程教材体系。

第四节　高校美育实践活动的目标及工作要点

一、实践活动目标

　　鼓励学校因地因校制宜开展丰富多彩的艺术实践活动，积极探索创造具有时代特征、校园特色、学生特点、教育特质的艺术实践活动形式。

——《19 教育部意见》

　　学校每学期至少举办一次全员参与的展演展示活动。省、市、县级每年举办学生艺术展演，提高全国大、中小学生艺术展演活动覆盖面和参与度。推广普及高雅艺术进校园活动，做好校园精品剧目校际展示。创新开展集审美赋能、创意实践、人文升华的社会实践活动，多途径多渠道宣传校园优秀展演节目和作品。规范管理、正确引导各类学生艺术实践活动，避免锦标意识和功利化倾向。

——《23 浸润计划》

　　艺术实践活动是学校美育的重要组成部分，是课堂教学的延伸和实践。《20"两办"意见》中也提道：

　　高等教育阶段将公共艺术课程与艺术实践纳入高校人才培养方案，实行学分制管理。

艺术实践活动要以育人为宗旨，体现向真、向善、向美、向上的校园文化特质，以弘扬中华优秀传统文化、革命文化、社会主义先进文化为导向，发挥示范引领作用。

二、实践活动工作要点

工作要点1：完善实践活动机制。各高校必须坚持面向人人的原则，每学期至少举办一次全员参与的艺术实践活动。除了现阶段较为成熟的高雅艺术进校园、大学生艺术展演等，全体美育教师还应面向社会、多渠道地开展创新性活动，形成全员全覆盖、多样多元化的高校美育实践体系。特别需要注意的是，各项活动都应做到正确引领，避免锦标意识和功利化倾向。

工作要点2：探索课程化管理。《19教育部意见》首次提出将艺术实践纳入高校人才培养方案，各高校应积极探索路径、办法，以系统性、常规性的方式将艺术实践活动纳入学校教育教学体系，以此改变以往艺术活动教育性和常效性不足的状况。

三、大学生艺术团建设工作要点

加强高校艺术社团建设，加大从普通在校生中挖掘、选拔、培养艺术团成员力度，带动校园文化活动开展，学校艺术实践活动要让大多数学生参与其中，享受其中。

——《19教育部意见》

加强国家级示范性大中小学校学生艺术团建设，遴选优秀学生艺术团参与国家重大演出活动，以弘扬中华优秀传统文化、革命文化、社会主义先进文化为导向，发挥示范引领作用。

——《20"两办"意见》

鼓励学校建设丰富多样的艺术社团，加强国家级示范性大中小学生艺术团建设，建立国家重大演出与学校社团的活动交流机制。

——《23浸润计划》

大学生艺术团是由学校共青团统一指导监督、学校美育专项机构管理运行、能够代表本校最高文艺水平的学生艺术团体，也是高校文化活动和美育的重要组成部分，对提升学生的艺术修养、丰富校园文化生活、促进学生综合素质的提高具有重要作用。

艺术团应设立清晰的组织架构，包括领导小组、指导老师、团长、各分团和部门负责人等，明确成员的权利和义务。通过选拔和面试等方式吸纳有艺术天赋和兴趣的学生加入，组织日常训练，以满足以下两方面的育人需求。一是组织丰富多样的校内艺术实践活动，如演出、比赛、展览等，丰富校园文化生活；二是要形成对外交流，与其他院校或团体建立联系，积极参与社会文化活动，用优秀的文艺作品弘扬先进文化，发挥示范引领作用。

第五节　高校美育评价体系建设目标及工作要点

完善高校美育评价体系，把美育工作及效果纳入普通高校人才培养工作评估指标体系，作为办学评价的重要因素。

——《19教育部意见》

健全教育督导评价制度，把政策措施落实情况、学生艺术素质测评情况和支持学校开展美育工作情况等纳入教育督导评估范围。

——《20"两办"意见》

各省级教育行政部门要研究制定高等学校公共艺术教育工作的评价与督导指标体系，定期对高等学校公共艺术教育工作开展评估、督导。

——《22课程纲要》

深化美育评价改革，发挥评价的牵引和导向作用，探索多元化教育评价方式，开展增值性评价、过程性评价、体验性评价、表现性评价、应用性评价。

——《23浸润计划》

一、高校美育评价体系建设目标

2020年，中共中央、国务院印发《深化新时代教育评价改革总体方案》，明确提出"四个评价"，要求各地区各部门结合实际，破立并举，推进教育评价关键领域改革取得实质性突破。结合高校美育工作实际，评价体系建设总体目标要聚焦学校美育整体建设、教学改革，同时关注学生个体成长、尊重和保护学生的兴趣爱好和个性特点，全面评价学校美育工作。

二、评价方式及评价工作要点

评价的分类方式多种多样。例如，按照评价对象分类，包括学生评价、教师评价等；按照工作开展阶段分类，包括过程性评价、结果性评价等；按照评价形式分类，包括体验性评价、表现型评价等。各高校在制定美育评价体系和实施美育的过程中，要落实公共艺术课程基本要求，注重与专业人才培养相结合，强化审美素养和创新意识的评价。

工作要点1：完成国家学分要求。公共艺术课程是学校实施美育的重要途径，党和国家要求高等教育阶段将公共艺术课程与艺术实践纳入学校人才培养方案，实行学分制管理，学生修满公共艺术课程2个学分方能毕业。这是对普通高校公共艺术课程学分作出的底线要求，有条件的高校可根据校情，提出更高要求，加强督导评估，促进美育成效提升。

工作要点2：课程评价体系建设。建立公共艺术课程评价体系需要综合考虑学生的艺术学习过程和结果，以及他们在艺术实践活动中的表现，开展两方面的评价，分别是对育人效果的评价（针对学生）和对教学过程的评价（针对教师、学校）。各高校在制定相应评价体系时，首先应将学生的艺术感知、审美能力、艺术表现和创造力作为评价的重要内容，关注学生学习过程中的进步和成果。评价方式包括观察记录、学生自评、同伴评价、教师评价等，确保评价的全面性和客观性。

工作要点3：高校美育工作评价体系建设。各高校应积极开展美育自评并建立年度报告制度，将美育纳入学校办学水平综合评价体系，并向上级教育行政部门提交学校美育发展年度报告。教育部将把高校美育工作和高校公共艺术课程教学纳入国家教育督导范畴，各省级教育行政部门定期对高校美育工作开展评估、督导，对政策落实不到位、学生艺术素质测评合格率持续下降的学校负责人依法依规予以问责。

第六节 高校美育保障体系建设目标及工作要点

一、组织机制建设要求

要明确高校党委在高校美育工作中的领导核心作用，切实加强组织领导。高校要建立健全美育管理机构，完善工作机制，加强工作统筹、决策咨询和评估督导。要创新管理体制与运行机制，高校书记校长及分管负责人要定期研究美育工作和相关学科专业发展，相关部门和院系负责人要切实担起责任，形成高校领导负责、部门分工、全员协同参与的责任体系。

——《19教育部意见》

高等学校制定实施公共艺术课程工作方案，建立由校级领导负责、相关职能部门协同、公共艺术教育教学部门具体实施的公共艺术课程工作机制，加强对公共艺术教育的管理。

——《22课程纲要》

成立学校美育工作领导小组或委员会。各高校应明确党委在美育工作中的领导核心作用，切实加强组织领导，设立由校级领导负责、相关职能部门协同的学校美育工作委员会，形成在美育工作委员会的指导下，美育或公共艺术教育教学部门具体实施的美育工作机制。美育工作委员会由学校领导、美育专家、艺术教师、相关职能部门及院系负责人等组成。学校美育工作委员会定期召开会议，研究学校美育工作和相关学科专业发展。

设立美育专项机构。各高校应成立美育教学管理部门和教学机构，负责专项业务工作。其主要内容大致包括以下几方面：课程教学、实践活动、校园文化、艺术展演"四位一体"推进机制的建立与实施；负责美育师资的引进和培养；推进探索学校传统与数字化相融合的美育课程教学模式，促进跨学科美育。

二、师资队伍建设要求

要按照在校学生总数合理安排普及艺术教育教师，鼓励高校探索实施公共艺术课特聘教授制度。要优化专业艺术教育教师结构，搭建院系、校际合作交流平台。

——《19教育部意见》

> 高等学校要建设一支以专职艺术教师为主体、以兼职艺术教师为补充的公共艺术教师队伍。高等学校公共艺术课程教师人数，不低于在校学生总数的0.15％，其中专职教师人数不低于艺术教师总数的50％。
>
> ——《22课程纲要》
>
> 将美育纳入教育系统领导干部和教师培训计划，广泛开展面向教育行政人员、学校领导的专题培训和面向艺术骨干教师的专业培训……将美育素养有关内容纳入教师资格考试。
>
> ——《23浸润计划》

高校美育教师配置要求。国家规定高校美育教师人数占比不低于在校学生总数的0.15％，其中专职教师人数不低于美育教师总数的50％，要求普通高校建立以专职教师为主体、兼职教师为补充的美育教师团队。国家还要求各高校加大师资队伍建设力度，尽快尽早按照要求配齐配好美育教师，师资队伍建设是实施美育课程教学的先决条件，是影响人才培养质量的重要因素。

保证美育教师职业发展通道。建立本校美育师资培养体系，创新开展艺术学科教师素质与能力监测，着力提升美育教师教学与专业能力。加大培养力度，优化考核晋升机制，将美育教师承担艺术社团指导、课外活动、课后服务计入工作量，鼓励高等学校探索美育教师职称评聘单列办法。

实施全体教师美育浸润。教师是全面加强和改进学校美育工作的关键。各高校应从上至下深刻领会习近平总书记关于美育的重要论述，发挥教师职业的美育功能，探索美育与德育、智育、体育、劳动教育融合及美育与专业教育融合的路径、方法、实效,以此提升全体教师的美育意识和美育素养,将美育纳入教师培训计划、资格审查等人事环节。

三、硬件场地建设要求

建好满足课程教学和实践活动需求的场地设施、专用教室……加强高校美育场馆建设,鼓励有条件的高校与地方共建共享剧院、音乐厅、美术馆、书法馆、博物馆等艺术场馆。配好美育教学所需器材设备,建立美育器材补充机制。

——《20"两办"意见》

鼓励高等学校公共艺术教育与当地中小学形成辐射带动。鼓励高等学校与地方共建共享剧院、音乐厅、美术馆、书法馆、博物馆等。

——《22课程纲要》

各级各类学校要保障基本的艺术场地设施和器材器具,鼓励学校引进校外社会资源,满足学生开展美育教学和实践的多样化需求。

——《23浸润计划》

配置专用教室及器材设备。教育部明确要求各高校应结合自身实际,配置美育教学专用教室和活动室,并按照国务院教育行政部门制定的器材配备目录配置艺术课程教学和艺术活动器材,根据需求为不同艺术门类提供并设计合理的教室、实验室、工作室、排练厅等场地，并配置美育教学、艺术活动与展演所需的相应设备和器材。

探索共建共享艺术场馆机制。有条件的高校可与周边学校、社区建立共建共享艺术场馆机制，鼓励高校与地方建立共享剧院、音乐厅、美术馆、书法馆、博物馆等艺术场馆，充分挖掘社会资源，拓宽美育实践的界域。同时也鼓励高校将博物馆、美术馆等艺术场馆向社会免费开放，充分挖掘高校艺术场馆的社会服务功能，推进校园美育与家庭美育、社会美育的深度融合。

四、其他保障要求

推动美育协同创新，促使高校美育联盟发挥实质性作用，探索建设一批校校协同、校所协同、校企协同、校地协同创新培养模式，逐步完善高校与文化宣传部门、文艺团体、中小学校等协同育人机制……各高校要加大对美育工作的投入，根据自身建设计划，加大与国家和地方政策的衔接、配套和执行力度。

——《19教育部意见》

加强美育的社会资源供给，推动基本公共文化服务项目为学校美育教学服务。城市和社区建设规划要统筹学生艺术实践需要，新建文化艺术项目优先建在学校或其周边。

——《20"两办"意见》

加强统筹整合社会资源。普通高校应积极探索与艺术机构、文化机构、企业、社会团体等建立合作关系，合作开设美育课程，举办文化讲座、艺术展览、音乐会等活动，为学生提供更多的艺术体验和学习机会。通过整合社会资源，拓宽学生的艺术视野，培养学生的创新意识和综合能力。

设立美育工作专项经费。各级各类美育文件都明确提出各高校要加大对美育工作的投入，设立学校美育专项经费。高校在设立美育专项经费时，也应制定相应的经费管理制度，明确经费的使用范围和管理程序，确保经费的合理使用，制定健全的监督机制。鼓励高校与其他学校、学术机构和社会组织开展合作与共享活动，共同开展美育项目和活动，可以通过共同申请资金支持，共享教育资源和设备，降低美育建设的经费压力。

第七节 高校美育建设方向

一、数字化赋能与基地建设

> 加强课程整体设计，规范公共艺术课程教育教学……开设三种类型的公共艺术课程，开发一批公共艺术优质数字教育资源，建设一批美育实践基地，培育一批高等学校公共艺术教育优秀成果和名师工作室。
>
> ——《22课程纲要》

以数字技术赋能学校美育，依托国家智慧教育公共服务平台和地方平台，开发教育教学、展演展示、互动体验等优质美育数字教育资源，持续更新上线美育精品课程和教学成果。

——《23浸润计划》

开发美育优质数字教育资源。以数字化推进高校美育教学，构建网络化、智能化、线上线下相结合的课程教学模式，建设一批高质量的美育在线课程，借助于新技术实现传统技艺的跨时空再现，助力优秀传统文化传承。各高校应积极实践人工智能或虚拟现实技术，实现课堂教学的维度创新，以此丰富艺术体验，加深感知，使学生身心都能更好地在欣赏优秀作品中得到浸润。

设立实践基地和名师工作室。鼓励普通高校、艺术院校、师范院校依托师资力量申请建立美育实践基地；鼓励普通高校与文艺院团、文化艺术企事业单位开展深度合作，开展美育实践活动，建立实践基地合作项目。同时建设一批高校美育名师工作室，汇聚培养一批美育名家名师，构建名师和骨干教师学习成长共同体。依托名师工作室团队力量，积极开展美育教学改革研究，引领、带动更多区域的美育建设。

二、美育课程与课程美育

促进高校美育与德育、智育、体育和劳动教育相融合，与各学科专业教学、社会实践和创新创业教育相结合。充分运用现代化信息技术手段，探索构建网络化、数字化、智能化、线上线下相结合的课程教学模式，规划建设一批高质量美育慕课，扩大优质课程覆盖面。

——《19教育部意见》

充分发挥相关学科的美育功能。加强美育与德育、智育、体育、劳动教育的融合，挖掘和运用各学科蕴含的品德美、社会美、科学美、健康美、勤劳美、自然美等丰富美育资源，分学科推动制定美育教学指引。

——《23浸润计划》

美育课程融合要求美育教师加强自身美学、美育学、艺术学、教育学、心理学等多门学科的拓展学习，提高自身的理论素养。其要求美育教师掌握最基础的美育知识，掌握至少一门艺术系统知识，掌握一门艺术技能，包括欣赏和创作的技能，并具有组织和辅导学生艺术社团活动的技能，在教学中要用艺术的语言教艺术。

课程美育融合要求加强美育与德育、智育、体育和劳动教育相融合，加强与各学科专业教学、社会实践、创新创业教育和校园文化建设深度融合，加强"四位一体"学校美育推进机制建设，在教育教学全过程中实施美育浸润，使美育渗透到学校所有学科的课程教学中，充分挖掘各学科蕴含的体现中华美育精神与民族审美特质的心灵美、语言美、行为美、科学美、秩序美、健康美、勤劳美、艺术美等丰富美育资源，做到课程处处有美育，师生人人识美育。

三、服务社会与乡村振兴

高校美育要主动融入国家和区域发展战略服务经济社会发展。引导高校美育教师和学生强化服务社会意识，提升服务社会能力。

——《19教育部意见》

加强美育的社会资源供给，推动基本公共文化服务项目为学校美育教学服务……鼓励学校与社会公共文化艺术场馆、文艺院团合作开设美育课程。

鼓励开展对乡村学校各学科在职教师的美育培训，培养能够承担美育教学与活动指导的兼职美育教师。推进农村学校艺术教育实验县等综合改革实践，建立校际教师共享和城乡学校"手拉手"帮扶机制。

——《20"两办"意见》

建立高校与中小学、城乡学校之间"手拉手"相互学习交流和帮扶机制，探索高校艺术社团和乡村学校双向交流机制。鼓励美育名师进乡村、乡村学生进城市艺术场馆，开展城乡中小学生美育主题研学实践活动。

——《23浸润计划》

探索美育服务社会路径。高校应积极开展与家庭、城市、农村合作联动的美育活动，将美育融入全民素质提升、城乡环境建设之中，营造"以美育人、以美化人、以美培元"的社会环境，激发人民对美好生活的向往。积极引导师生参与社会实践，激发美育效能，深入基层开展文艺实践活动，根据艺术学科特长和地缘优势打造独具特色的美育服务品牌，促使艺术成果更好地服务于人民群众，为建设美好生活、提升审美素养贡献专业力量。

高校美育助力乡村振兴。新时代美育承载着乡村文化振兴的历史使命，高校美育应当依托自身专业优势积极开展对口定点帮扶、支教扶贫活动，为乡村提供专业的美育帮扶项目。通过美育资源共享、乡村美育师资培训、美育志愿者服务、乡村文化传承创新和乡村社区美育建设等活动，丰富乡村居民的文化生活，推动乡村文化的繁荣发展。

四、构建"一体衔接"的美育"生态链"

探索建设一批校校协同、校所协同、校企协同、校地协同创新培养模式，逐步完善高校与文化宣传部门、文艺团体、中小学校等协同育人机制。

——《19教育部意见》

构建大中小幼相衔接的美育课程体系，明确各级各类学校美育课程目标。

——《20"两办"意见》

基于理论与实践、方向与方法、守正与创新、共性与个性等方面的综合研究和系统谋划，一体化构建学校美育推进策略。大中小幼贯通的美育课程体系，是以不同学段学生的身心特点为起点构建的一个层次分明、梯度渐进、纵横交织的学校美育课程体系。学前教育阶段注重培养幼儿的美好心灵；义务教育阶段注重引导学生养成热爱艺术、勇于创新、追求美好的生活态度；高中阶段应在审美的多维度中开拓人文视野，引导学生树立积极、正确的审美观和文化观；大学阶段应注重强化学生的审美自觉和文化自信，引导学生追求崇高的审美意义，懂得诗意栖居。"一体衔接"的美育体系将更好地统筹全社会美育资源，提升教学成效，服务高质量人才培养。

第二章 高校美育的性质与目标

如今，冲击传统艺术和审美观念的当代艺术作品层出不穷，艺术、审美与人们日常生活的界限也在不断地被打破，创意、美、艺术在社会发展中的价值日益凸显。面对艺术和时代的变迁，高校美育教师究竟该如何和学生探讨艺术的审美价值？如何建立审美、艺术与学生成长的关系？美育究竟是一种知识技能的教育还是人文教育？想要回答这些现实问题，需要去思考如何定位新时代高校美育的性质、价值及其课程目标。

第一节 何谓美育

尽管在东西方，美育实践自古有之，然而，"美育"作为一个学科概念出现则是在 18 世纪。那么，美育究竟是一种什么样的教育，它区别于智育和德育的本质属性是什么？美育是不是就等同于艺术教育？

一、美育概念的提出和引进

(一)席勒——美育概念的提出者

席勒(Johann Christoph Friedrich von Schiller,1759—1805)是德国著名的剧作家、诗人、历史学家、哲学家和翻译家,他曾连续致信恩惠于己的丹麦奥古斯滕堡公爵表达其对人类审美和审美教育的系列思考,后汇编为《审美教育书简》(全名为《关于人的审美教育的书信》,1794年)出版。值得一提的是,席勒写信时正值法国大革命,欧洲的知识分子都在思考"自由""理想的人"等问题,因而其写作与法国大革命高度相关,也对审美教育之于人和伦理政治的作用无以复加地赞许。作为理想主义者,席勒是充满激情和幻想的,他对美与自由有着高度肯定——人的救赎既不依赖宗教,也不求助于科学,而是通过艺术去实现社会的"不流血的改造"。这在当时的环境下,显然是不现实的。席勒对人性的分析影响了他对美育及其功能的认识。他认为人性中尽管有感性和理性的对立,但也蕴含使这两种对立共同发挥作用的可能,即第三种区别于感性与理性的性格——"美的性格"[1]。席勒将矛头直指正在形成和发展的资本主义生产方式和劳动分工,认为其自身所处时代的人只有感性运作或只有理性运作,产生的时代样貌与国家体系都不是自由的。同时,单

---

[1] 席勒:《审美教育书简》,冯至、范大灿译,上海人民出版社,2003年,第29页。

图 2-1　席勒画像

图 2-2　《审美教育书简》书影

个人的发展与时代的发展是同步的，而当时的文化教养手段却再次分割了人的各种能力，个人的发展必须寻求新的出路，那便是以审美去弥合人性的感性冲动和理性冲动的分裂，实现人的完整自由。

在《审美教育书简》第二十封信中，席勒写道："有健康的教育，有审视力的教育，有道德的教育，也有趣味和美的教育。最后一种教育的意图是，在尽可能的和谐之中培养我们的感性和精神的整体。"[1] 他将美育和体育、智育、德育并列，构成培养完整的人的教育体系。审美的自由能够促使个体从感觉的受动状态达到思维和意志的能动状态，可以帮助人由单纯的、直观的素材转变为复杂的、规律的形式。席勒进一步说："要使感性的人成为理性的人，除了首先让他成为审美的人以外，别无其他

---

[1] 席勒：《审美教育书简》，冯至、范大灿译，上海人民出版社，2003年，第163页。

途径。"[1]美育作为一种手段，可以实现人从感性到理性的飞跃。在第二十七封信中，他说：

> 在权力的强力国家中，人与人以力相遇，人的活动受到限制，而在义务的伦理国家中，人与人以法则的威严相对立，人的意愿受到束缚，那么，在美的交往范围之内，即在审美国家中，人与人只能作为形象彼此相见，人与人只能作为自由游戏的对象相互对立。通过自由给予自由是这个国家的基本法则。[2]

这就是说，在力量和强权的驯服下，人的意志均不能自由，而审美则能够展现个体的本性，实现内在和外在的自由。席勒主张审美教育主要是通过美的艺术来实现的。因为艺术具有感性的直接性，它比真理更直接作用于人的内心。艺术作为文化的先行者，可以将人从欲望中解放出来，从而使人走向完美，实现性格的高尚化，进而变革社会。在某种意义上，《审美教育书简》就是这样一种对美的告白，充满了诗与思的奇光异彩，也是席勒在德国以外影响最大的美学文本。

（二）王国维——我国美育概念的奠基者

"美""育"二字虽在我国古代文献中曾出现连缀，如汉末徐幹所著《中论》中的"美育群材"、晋孙楚所著《故太傅羊祜碑》中的"《菁莪》之美育才"等，其中"美育材（才）"意指对

---

[1] 席勒：《审美教育书简》，冯至、范大灿译，上海人民出版社，2003年，第181页。
[2] 席勒：《审美教育书简》，冯至、范大灿译，上海人民出版社，2003年，第236页。

"育材（才）"的赞美，仅仅是二字相连，非独立意义上的审美教育之概念。[1]真正具有现代意义的"美育"一词最早出现在叶瀚于1901年7月译自日本教育家能势荣所著《内外教育史》的外篇——《泰西教育史》中，比蔡元培1901年10月发表的《哲学总论》更早，后在清廷科举改制中被举子大量应用在科举策论及乡试之中，"就目前所见，近代之后的'美育'正属于'来自西洋，路过日本'的新词"。[2]

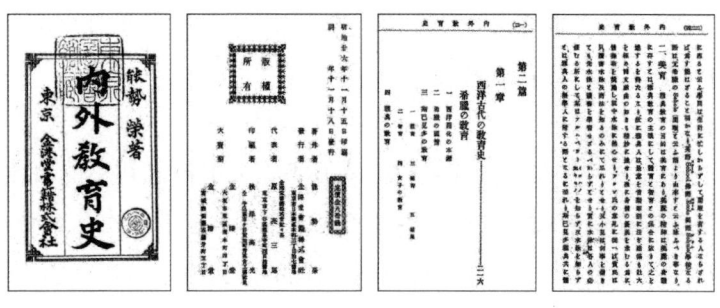

图2-3　《内外教育史》封面、版权页、目录页、"美育"页，日本国立国会图书馆藏

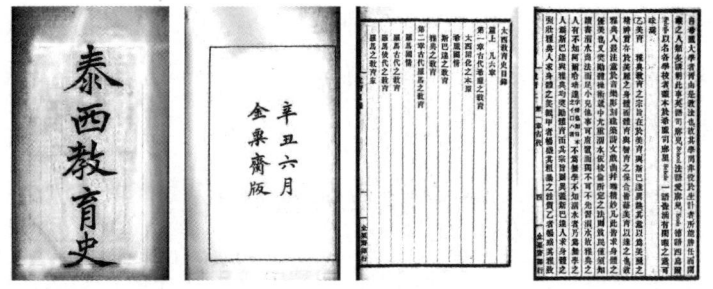

图2-4　《泰西教育史》封面、版权页、目录页、"美育"页，上海图书馆藏

---

[1] 曾繁仁主编，祁海文著：《中国美育思想通史·秦汉卷》，山东人民出版社，2017年，第341—342页。

[2] 刘晨：《"美育"译介考：以刘焜科举朱卷为线索》，《美育学刊》2023年第4期。

图 2-5 王国维像

近代中国第一次从教育学角度专门论述美育的,是著名学者、思想家王国维。1906年,王国维写下《论教育之宗旨》一文,指出教育之宗旨是使人成为"完全之人物",并首次将"教育之事"分为智育、德育(即意志)、美育(即情育)三个部分。[1]他认为,美育能调和人的感情,"一面使人之感情发达,以达完美之域;一面又为德育与智育之手段"[2],能使人的精神方面得到满足。王国维将人的嗜好分为低劣和高尚两种,美育是培养高尚的嗜好,满足人精神层次的需求。[3]因此,王国维大力倡导在学校设置美术、音乐课,以提高学生对美的鉴赏力,丰富人的感情生活。如他在《论小学校唱歌科之材料》中指出小

---

[1] 参见林文光选编《王国维文选》,四川文艺出版社,2009年,第162—164页。
[2] 姚淦铭、王燕编:《王国维文集》(第3卷),中国文史出版社,1997年,第58页。
[3] 参见林文光选编《王国维文选》,四川文艺出版社,2009年,第134—137页。

学音乐课的目的,一可调和其感情,二可陶冶其意志,三可练习其聪明官及发声器。王国维认为艺术和文学是美育的主要手段。"'艺术'包含'美术'源于'美术'在整体'艺术'谱系中含有更高的'美'的因子"[1],而文学在描写人生痛苦方面有更大的效用,更能达成美育(情育)的使命。王国维充分肯定了美育对于人的思想感情和道德品格的陶冶作用,对美育的性质、目的、方法作了全面论述,这很值得我们重视。

(三)蔡元培——我国高校美育的先行者

蔡元培(1868—1940),字鹤卿,浙江绍兴府山阴县人,教育家、革命家、政治家,曾任中华民国教育总长、国立北京大学校长、中央研究院院长等职,数度赴德国和法国留学、考察,研究哲学、文学、美学、心理学和文化史,是我国近代美育理论与实践的集大成者之一。

蔡元培认为美育是进行世界观教育最重要的途径,是使人们从现象世界通向实体世界所必经的桥梁。美感教育,使人摒弃现象世界爱恶、惊惧、喜怒、悲乐之情,"自美感以外,一无杂念"[2],从而陶冶人的感情,使人的道德品质高尚纯洁。当然,先生所说的"美感教育"不是美术教育,也不止包含建筑、雕塑、图画,还涵盖音乐、文学,乃至城市的布置、美术馆的设

---

[1] 彭修银:《王国维的"美术"义界及其"日本因缘"》,《西北师大学报》(社会科学版)2017年第1期。

[2] 高平叔编:《蔡元培教育论集》,湖南教育出版社,1987年,第46页。原文《对于新教育之意见》首刊于《民立报》1912年2月8日、9日、10日。

图 2-6 蔡元培像

计,甚至一个人的行为礼仪等。美育是最重要、最基础的人生观教育,关乎人的生活、生命各方面的判断力的养成。

蔡元培指出,美育的推进可以通过家庭美育、学校美育和社会美育等途径。在学校美育方面,蔡元培民国初年任教育总长时,曾要求学校在各阶段课程中增加并重视美育课程。他认为:"美育的范围,并不限于这几个科目,凡是学校所有的课程,都没有与美育无关的。"[1] 如几何学中的比例、物理中的声学、文学中的修辞等,均可作为美育的材料,激发学生的学习兴趣,陶冶学生的心灵。

蔡元培的美育实践主要在高等教育阶段——就任北京大学校长期间,他积极倡建各类社团,组织社团活动。在他的大力支持下,北大校园涌现出各级各类学会,既有各系组织的如国学会、史学会、数学会等,也有属于全校范围或跨系科的学术团体,如

---

[1] 高平叔编:《蔡元培教育论集》,湖南教育出版社,1987 年,第 344 页。原文《美育实施的方法》首刊于《教育杂志》1922 年第 6 号。

图 2-7　蔡元培为北大设计的校旗及其图说

教育研究会、歌谣研究会等。他还强调校园文化设施的建设，请鲁迅设计了北大的标志，并亲自设计了北大的校旗。在《北京大学校旗图说》中，蔡元培还将美术与物理等学科集合起来，比如以光的三原色代表现象科学、发生科学和系统科学。除此之外，蔡元培还积极倡导创办各类艺术院校，譬如国立北京美术学校和杭州艺术专科学校等，虽波折不断，但仍坚持开办高等艺术教育并开展艺术研究。其间杭州艺专甚至附设"艺术高中部"，以挖掘具有艺术潜质的人才。这些实践不仅孕育了大量的艺术专业人才，也培养了以林风眠为代表的一批艺术教育家。

二、美育的本质

当我们对 18 世纪美育概念的提出及 20 世纪初王国维、蔡元培等一众学者将美育概念引入中国进行本土化阐释和实践的历史有了初步了解之后，则需要进一步阐明美育究竟是一种什么样的教育，即何谓美育。

（一）对几种代表性的美育概念的反思

众多关于美育概念的界定中，有这样几种代表性的理解。一是"美育就是艺术教育"，这种观念使得艺术教育成为美育实践的主要形态。艺术美固然是美的最集中的表现，然而自然美、生活美、生命美等也不可忽略。若将美育等同于艺术教育，无形中就缺失了自然美育、生活美育、生命美育等内容，从而窄化了美育的外延。二是"美育是美学知识的教育"，比如《中国教育百科全书》说"美育亦称美学教育"，显然这种观点的片面性在于其将美育定位为一种知识的教育。尽管美学、艺术的知识是美育的一部分，是一个人审美素养形成的条件之一，但美育绝不仅是一种知识教育，对于抽象知识的学习和记忆，并不必然带来人的审美素养的提升。三是"美育是一种辅德益智的教育"，这种观点或者看到了审美对人格的情感陶冶和道德教化作用，将美育目标指向完美人格的塑造，或者强调美育开发智力的价值。这种概念的合理性和价值在于，其看到了审美的情感性和无功利性，将美育与人格塑造、人生理想联系起来。但其偏颇在于凸显了美育的工具价值，弱化了美育的本体价值。四是"美育是情感教育"，与此类似的还有"美育是美感教育"。比如梁启超把美育看作情感教育，他说情感教育的目的就是激活人们已经麻木的审美器官，使人的情感进化到一种圆满发达的状态。情感教育最大的利器是艺术，比如很多以"美学原理""教育学"命名的著作也都认为"美育即美感教育"[1]。这种对美育的界定最为贴近美育本质，体现了审美的情感性，凸显了美育的独特价值。然而这种理解又过于笼统，需要进一步澄清美感究竟是一种什么样的情感。只有这样才不至于使美育等同于心理健康教育及唯情感教育。

（二）美育内涵界定

基于对以上几种比较普遍的美育概念的梳理和反思，我们需要进一步阐明美育为什么不是一种知识的教育、美育的本体价值究竟在哪里、美育的情感性特征究竟如何体现等问题，只有这样，我们才能对"何谓美育"作出准确的定位。对于这些问题的回答，都将关涉美育独特的教育内容——美是什么，以及人和审美对象之间建立什么样的审美关系，获得了什么样的审美经验，这些审美经验何以促进人的成长。从18世纪德国哲学家鲍姆加登通创立美学，提出美是"感性认识的完善"[2]，到康德认为审美是无功利的情感判断，再到黑格尔的"美就是理念的感性显现"[3]，基本确立了审美的本质和价值。审美起始于人的感觉和知觉，但又不停留在个体的生理感觉、私欲层面，而是在超越性的想象和必然性的知性共同作用下，达到审美共通感，即在感

---

[1] 比如蔡仪主编的《美学原理》，仇春霖主编的《简明美学原理》，西南三校编的《普通教育学》，华东六省一市教育学院协作编写的《普通教育学》《中国大百科全书·教育》等。

[2] 朱光潜：《西方美学史》，人民文学出版社，1979年，第289页。

[3] 黑格尔：《美学》（第一卷），朱光潜译，商务印书馆，1979年，第142页。

性认识中获得了对普遍意义和精神的把握。20世纪以后,随着对工具理性主义的批判,人们越来越强调审美唤起生命感受和激情的价值,越来越看重审美经验与人生的关系,认为其能带来满足和愉悦,有利于生命成长、身心和谐、灵肉合一。

基于审美的内涵,我们进一步思考以人的审美活动为载体的美育,究竟是什么样的教育。美育是感性教育,它旨在发展人的感知觉,丰富人的情感,激发人的想象力和创造力,提升人的精神境界,使其形成丰厚的感性素养,这是美育的根本属性。"美育要发展的感性不等同于本能欲望,也不仅仅限于感官活动,它不脱离肉体却又超越了生理层面,包含了精神的维度,因此,它是一个贯通了肉体和精神的个体性概念。"[1]也正是在这个意义上,美育也必然指向人的精神陶养和人格塑造。不同于德育,美育不是直接的道德说教,而是在审美体验、审美想象、审美理解中润物细无声地实现其人格化育功能,为人的道德成长提供基础和动力。所以党和国家明确指出:"美是纯洁道德、丰富精神的重要源泉。美育是审美教育、情操教育、心灵教育,也是丰富想象力和培养创新意识的教育,能提升审美素养、陶冶情操、温润心灵、激发创新创造活力。"[2]

高校美育是指在高等教育阶段实施的美育,它必然体现美育的基本内涵和目标追求。面对大学生,美育内容的深度和广度将进一步拓展,培养目标更凸显学生深度审美经验的丰富,以及审

---

[1] 杜卫:《美育三义》,《文艺研究》2016年第11期。
[2] 中共中央办公厅、国务院办公厅:《关于全面加强和改进新时代学校美育工作的意见》,中国政府网,2020年10月15日。

美理解和创意能力的培养。同时，高校美育必然体现高等教育的本质特征——旨在与专业学科教育相结合，引领学生进入专业领域进行美的体验和创造，实现以专业为基础的自由而全面的发展。

三、美育和艺术教育的关系

（一）美育与艺术教育关系之辨

在探讨美育和艺术教育之间的关系时，我们必须首先明确美育不能等同于艺术教育。但关于美育和艺术教育的边界、内涵，教育实践和一些研讨文章常常混淆不清。杜卫指出："美育和艺术教育有着密切联系……但是，美育和艺术教育不是等同的关系，而是交叉关系，它们有相互重合的部分，又有不同的部分。"[1]这非常精练地概括了美育和艺术教育的关系。

一方面，美育不等同于艺术教育，美育的外延大于艺术教育。美育所包含的审美对象丰富多样，可以是艺术品，可以是自然物，也可以是生活场景，所以美育能引导学生在艺术审美、自然审美和生活审美中，丰富审美经验，发展想象力和创造力，提升精神境界。艺术教育主要是围绕艺术作品欣赏、体验和创作活动而展开的一种审美教育，它包含专业艺术教育和非专业艺术教育两种类型。前者的目标是培养专门从事艺术活动的人才，按照艺术门类可以分为音乐教育、舞蹈教育、影视与多媒体教育、戏

---

[1] 杜卫：《当前美育和艺术教育关系的若干认识问题》，《美育学刊》2019年第3期。

剧教育等；后者则是面对全体教育对象所进行的通识性教育，其目的是培养学生基本的艺术与人文素养。显然，非专业艺术教育不要求学生有精准、高超的艺术技能，而是更倾向于培养学生对于艺术的兴趣，以及艺术鉴赏和表达创作的基本能力。

另一方面，美育与艺术教育是紧密联系的。我们必须认识到，美育的主要途径是艺术教育。尽管审美活动不限于艺术的范畴，但艺术是审美要素最集中、最典型的形态。因此，艺术教育是以艺术为载体，实现美育价值和目标的最重要形式。在学校教育中，艺术课程是学校实施美育的专门课程，是实施美育毋庸置疑的主渠道。艺术课程可以使每个学生得到较为集中的审美体验，培养学生的艺术兴趣和能力，进而提升他们的审美和人文素养。从个体发展的角度看，人的审美体验及审美能力的发展往往是从艺术活动开始的，而且艺术会对纷繁复杂的审美过程予以规范并提供审美的工具，可以说，如果没有艺术教育，美育注定是杂乱且空泛的。

（二）高校公共艺术教育——高校美育的主要途径

这里讲的"公共艺术教育"是强调艺术教育作为教育形态的公共属性，即它是一种面向全体学生的通识教育。公共艺术教育传授基本的艺术知识和技能，丰富学生的艺术体验和文化理解，提高他们的审美和人文素养。高校公共艺术教育主要体现为由学科课程和活动课程构成的公共艺术课程。2022年，教育部印发《高等学校公共艺术课程指导纲要》，要求高等学校将公共艺术课程纳入各专业本科人才培养方案。该文件明确指出，公共艺术课程是实施高校美育的主要途径,对提高学生的审美和人文素养,培养其创新精神和实践能力,塑造其健全人格,具有不可替代的价值和作用。高校公共艺术教育的受教群体是包括艺术专业学生在内的全体大学生,他们在文化背景、艺术基础和个人认知上存在着极大的差异。因此,公共艺术教育在课程设置和选择上不能存有任何门槛和要求,所有课程都应具有开放性。这既体现受教群体的权利,也对公共艺术教育课程类型的设置和教学内容的选择提出了挑战。[1] 所以,高校公共艺术教育不仅定位于面向全体普通大学生教授艺术方面的基本知识与技能,让他们能够更好地鉴赏与评价各种门类艺术,参与各种艺术实践,培养其艺术兴趣和修养,而且能提升他们的审美能力和趣味,激发其创新和创造精神,实现可持续发展。

第二节　高校美育的属性

高校美育既具有美育的一般属性,也具有高等教育阶段的培养目标所赋予的独特属性。

---

[1] 黄皓华、涂雅蓝:《论高校公共艺术教育的特征——兼论如何优化高校公共音乐课程》,《云梦学刊》2015年第4期。

一、高校美育是面向所有学生的通识教育

(一)通识教育的当代取向

通识教育承袭欧洲博雅教育(liberal education)的精神和传统,是旨在造就具备通融识见、博雅精神的人的教育。哈佛大学是通识教育的典范。1945年,哈佛大学出版《通识教育红皮书》,系统地提出通识教育框架,指出通识教育的培养目的是"成人",即人格健全、修养精深、智力优越并富有责任感的公民,倡导面向全体学生、尊重每一位学生个性的全面发展,让每一位学生都能拥有整全的知识、成为整全人,并为此设计文学、哲学、美术、音乐四个领域的课程。2018年这些课程被重新设计为美学与文化,伦理与公民,历史、社会与个人,社会科学技术四个模块。斯坦福大学、剑桥大学等国际著名高校也不断推进通识教育。21世纪以来,我国许多高校同样在探索通识教育项目,一些高校要求全体学生修习通识课程,如复旦大学成立复旦学院,将通识教育写入《复旦大学章程》,明确秉持通识教育的基本理念,"注重学生的全面发展,尊重学生自我管理,培养具有国家意识、人文情怀、科学精神、国际视野、专业素养的人才"[1];浙江大学在竺可桢学院模式的基础上创建本科生院,要求一、二年级学生完成16.5个学分的通识课程。也有一些高校提供给部分学生参与的实验项目,类似于许多高校成立基地

---

[1] 复旦大学:《复旦大学章程》,https://www.fudan.edu.cn/452/。

班、实验班等创新人才培养模式，如北京大学成立元培学院，设置一些交叉学科专业，为学生提供西方古典文明、中国古典文明、现代中国、现代世界及现代科学与技术系列的五大通识核心课程，类似的还有中山大学博雅学院、清华大学新雅书院等。

总体来看，当代通识教育的取向表现在三个方面：一是保持"全人"的目标取向。所谓"全人"，是理性能力、感性能力和伦理道德共同发展的人，具有创新思维、责任意识、人文情怀和健全人格，并以此处理自我与他人、自我与社会之间的复杂关系。从欧美实践到国内高校的探索，"全人"的目标内涵在不断丰富和拓展，越来越体现出个人价值和人类共同视野的追求。二是学习方式的体验式取向。学者指出，传统通识教育以接受学习为主要形式，当代则更突出体验式学习。[1] 体验式学习主要有基于课程的体验和基于项目的体验，比如弗吉尼亚大学的体验式课程方案设置了审美体验、经验性的科学体验、差异体验和道德体验四种体验式学习课程，南卡罗来纳大学的通识教育项目要求学生与兴趣相同的人合作建设社区项目，并在超过45个小时社区服务项目中体验社会实践并获取来自同学、指导老师及相关人士的反馈等。三是通识知识的跨学科取向。当代新型通识教育从定义上说应该是跨学科的，既存在于传统的学科之间，也存在于大学和其他场域之间。[2] 所学之内容不限于人文学科，还包括自然

---

[1] 付淑琼：《21世纪美国州立大学通识教育发展趋向研究》，《比较教育研究》2019年第6期。

[2] 葛雷·科克哈尔-林格伦：《新型通识教育：创造力、试验与沉浸式学习》，秦青蓝译，《通识教育评论》2020年第1期。

科学、社会科学等，各类学科元素相互作用、有机融合而非简单叠加。比如科学人文教育可以借助于科学史、科学哲学、科学社会学、科学审美教育等来呈现科学与人文的复杂关系，艺术人文教育可以运用艺术史论、艺术经典作品等呈现艺术的人文魅力等。

通识教育并非专业教育的补充，它是学生成长成才的重要组成部分，贯穿教育全程、全域。因此，高校在创新型人才培养的全过程中应具备通识教育的意识，关注学生创新与反思能力、跨学科发展能力等综合素养的培养。

（二）高校美育的当代通识价值

通识教育没有统一的模式和范本，其核心是育人，应该服务于各级各类高校的人才培养。美育作为大学通识教育的重要组成部分，对大学生的全面发展有着重要的价值。

一方面，高校美育有助于弥补理性极致追求下的审美缺失，恢复人的完整性。随着工业社会的发展，席勒时代人的分裂现象并没有消失，理性对感性、逻辑人对审美人的压制依然是现当代人所面临的困境，人们常常以逻辑、判断的抽象思维取代感受、直觉、整体、想象的审美思维，人应有的完整性被破坏，成为缺失了审美之维的单向度的人。而审美活动不是通过分析、推理、判断等逻辑认识，而是通过感知觉、情感、想象、创造等方式去获得和表达对世界的理解，审美是人类观察事物并形成审美经验的独特视角。因此，高校美育的实施是通过从理论到实践的完整教学过程，帮助学生建立深层审美经验，进而培养学生的感性能力。

另一方面，高校美育有助于培养学生的感受力和想象力，为创新型人才必备的创新思维和能力奠定基础。美育是"通过艺术的教育"，是一种经由艺术启发想象、经由艺术激发创造的教育。因为艺术是对自然和谐形式的表现，艺术活动不断积累的感知觉形象，以及对于感性形象的记忆和重组（想象）有助于促进和实现人的整体性直觉能力。学生以艺术视角去认识哲学、自然科学、社会科学和其他人文学科，也可以从这些学科的视角出发再次认识艺术，在这个过程中，他们以求真为核心的科学逻辑思维模式会得到逐步拓展，从而唤醒以求美为需要的非逻辑化思维方式，即以感性知觉和想象为主的方式。美育不仅能让人跳出线性、单维的逻辑思考范畴，整合各种感觉经验，创造性地提出新的思路和观点，而且有助于建立人与人、人与自然等不同关系之间的情感连接及意义理解，进而形成敏锐的洞察力，获得灵感，打破常规，实现创造。

（三）作为通识教育的高校美育形态

2020年印发的《关于全面加强和改进新时代学校美育工作的意见》要求高等教育阶段将公共艺术课程与艺术实践纳入人才培养方案，实行学分制管理，也即所有学生必须修习一定的美育学分方能毕业，高校美育必须面向所有学生。另外，大学生在生理心理发展、知识储备等方面都有一定的基础，具备一定的理性思维能力，具备相关领域的基础知识和一定的审美经验。大学校园里丰富的学习内容和自主的学习环境给予学生追求美的自由，使他们更加自觉地按照美的标准来规范言行，以美的知识和技能丰富自我，按照美的规律来塑造自我。无论学生的专业背景和兴趣爱好如何，都可以通过参与美育活动来获得全面的教育。

在实践过程中，多数高校将美育视为一个内容庞大的、系统化的课程体系，纳入文学、诗歌、音乐、绘画、舞蹈、书法、戏剧、影视等课程，结合本专业的特色为学生提供一个可选的课程群，这是高校美育基本形态。不同于以艺术教育为中心的中小学美育，高校通识美育会给予学生更丰富的深层审美经验和更宽的学科视野。一方面，高校美育多维建构学生深层审美经验。[1]首先是通过感官进行直觉体验，如音乐欣赏、美术鉴赏等；其次可以通过情境参与获得沉浸式体验，如通过参观博物馆、美术馆和制作泥塑、雕塑等拓展审美空间，还可以通过理论学习、理解作品中特定文化符号所包含的情感、意义，形成深层审美判断和价值理解。另一方面，通识性的高校美育必须与专业课程结合起来，打开学生的审美视野，由单一的艺术领域进入跨学科领域，形成对专业的审美感知、审美体验和审美创造。这样，通识性的高校美育就形成了以艺术为基础，情境化实践、审美理论及与专业审美相结合的立体教育体系。

二、高校美育的审美性、人文性和思想政治性

高校美育的通识性价值，决定了其定位不只是一种知识的教育，其目标不止于让学生掌握基本的艺术知识技能，还要通过艺

---

[1] 张世月、孙明胜：《多维构建高校通识美育》，《美术》2022年第9期。

术陶冶学生的性情,实现其审美和人文素养的和谐发展。

(一)高校美育的审美性

美育的审美性,首先,体现在其教育载体的生动鲜活性。美的形象和艺术作品不是通过抽象的概念或命题,而是通过形式、形象去展现和表达情感与意义,是"理念的感性显现"[1]、形式和内容的统一。所以一进入美和艺术的世界,其实就进入一个可观、可听、可触的形象王国。其次,体现在美育的目标追求。正是其独特的载体决定了美育能够指向学生感知觉、情感、想象等感性能力的唤起和发展。比如音乐作品通过音律、音符、音调的组合调动人的听觉感知能力,美术作品通过画面中的线条、色彩和造型等元素调动人的视觉感知能力,戏曲作品则通过舞台布景、服饰特色、曲辞曲调等视听觉的融合调动人的综合感知能力,在感知觉、情感、想象、理解的共同作用下获得审美愉悦。再次,体现在美育过程中的审美化。美育过程主要不是调动学生记忆、逻辑思维的知识学习过程,而是师生围绕美和艺术共同体验和创造的过程。教师尊重学生的主体地位,充分调动学生的情感、想象等感性能力,师生平等交流感受、对话思想,构建一个充满生机和自由的课堂氛围。

清华大学刘同学记录了美育课程《艺术的启示》中的一个场景:当我们围在那幅小画旁边,因角度问题,每个人看到的画并不完全一样,我们对此感到纳闷和惊异。当时李(睦)老师启发

---

[1] 黑格尔:《美学》(第一卷),朱光潜译,商务印书馆,1979年,第142页。

图 2-8 塞尚《苹果与静物》

我们:为什么塞尚的苹果能够和过去的人所画出来的苹果不一样?那是因为塞尚的苹果是透过他的眼睛看到的。他将自己"发现"的光感、色彩、形态赋予了那个苹果,所以那个苹果不"像"一个苹果,而"是"独一无二的塞尚的苹果。我们学习的是一种观看或感知的方式。尽管这种观看方式转变的背后可能正是西方美术史的重大变革,老师却并不会首先以"知识"的方式讲述,而是诉诸"感受"上的启发。[1] 这一过程就充分展现了高校美育的审美性,在这一教学情境中,教师并未去讲美术史,也没有讲油画的创作技巧,而是通过引导学生从不同角度观看、感受作品,从而引发大家的思考和讨论,发现一种新的艺术创作风格。

(二)高校美育的人文性

中华美育传统和西方现代哲学思想及人性观念的融合,使我

---

[1] 参见刘宇薇《美育与人文——新雅通识教育一侧》,《通识教育评论》2022 年第 2 期。

们对人性的理解更具现代色彩，进而赋予现代美育独具特色的人文特征。

　　高校美育的人文性是指在情理交融的审美体验中实现大学生完整人格的教化。大学生可以通过艺术作品中的审美意象形成对客观世界的认知，把抽象的道德观念、科学知识等建构为形象的艺术作品，并借此形成对客观事物的愉悦体验。这种体验"既包含了审美主体对审美对象的情感投射或具有道德意味的感动、同情和关怀，同时还具有了从对象反观和认识自我的意识和能力，从而实现自我精神的拓展"[1]。情感既为人之本质，又是审美的固有领地，审美对于人的成长具有举足轻重的影响，正如席勒所说："人同美只应是游戏，人只应同美游戏"，"只有当人游戏时，他才完全是人"[2]。所以指向人的情感和精神的完整发展、关注和尊重人的现实生活及生存价值是美育的人文追求。

　　高校公共美育可以被定位为基于审美经验的人文通识教育。专业艺术教育中的美育则是基于艺术经验的人文教育，与艺术技能教学一起，形成方法论和价值观教学的两翼。而艺术师范教育（美育教师教育）本身就具有人文教育属性，旨在培养热爱教育、了解美育、掌握艺术技能、具有人文情怀、懂得教育教学的美育教师。[3]

---

[1] 易晓明：《当代中国艺术教育的人文目标建构》，《南京师大学报》（社会科学版）2021年第1期。

[2] 席勒：《审美教育书简》，冯至、范大灿译，上海人民出版社，2003年，第123、124页。

[3] 杜卫、叶伊曼：《论我国高校美育的人文教育属性》，《湖南师范大学教育科学学报》2023年第3期。

最终，高校美育的人文性指向大学生的艺术化人生，像欣赏艺术一样欣赏人生，像创造艺术一样创造人生，对人生进行整体关照，提升生命活力，促进大学生全面、和谐地发展。当然，艺术化的人生不能单纯指向高超的艺术技能，还应该指向一个更加宏观的、具有民族美学和文化传统的艺术精神。譬如2020年，在中国石油大学（北京）的网络艺术教学中，学校结合全国抗疫形势，积极举办以"激扬青春，砥'疫'前行"为主题的网络原创歌曲征集活动，践行以美育人的教育理念，充分体现了在特殊情境中高校美育尊重生命、关注生活的人文价值。

（三）高校美育的思想政治性

立德树人是教育的根本任务，它贯穿教育的全过程、全方位。高校美育不仅关乎学生的审美素养，还要提升学生的思想道德修养和精神境界。康德提出，美是道德性的象征，它可以将我们的道德情感表现出来；杜威提出道德想象力的概念，认为在艺术欣赏和创作中，人们进行着道德生活的排演，这种排演有助于现实情境中道德行为的发生；檀传宝提出审美活动具有三大特征——储善性、导善性和立善性，因而具有育德的功能。在实践中，以公共艺术教育为主渠道的高校美育可以承载优秀传统文化，蕴含深厚的家国情怀，彰显长远的天下精神，并以马克思主义为根本指导思想，立足当代中国建设与发展实践，传播当代中国价值观念，进而反映全人类共同的价值追求。因此，高校美育的思想政治性主要体现为美育对德育的促进作用，美育可以对学生的精神层面进行教育，陶冶情操，培养健全人格；有利于培

图2-9 西北工业大学戏剧美育课堂(图片来源:全国高校美育优秀案例展览)

养大学生的审美判断能力,促使学生树立纯正的审美观,能够分辨美丑;还可以协调个体的个性化与社会化发展,引导学生将审美观念转化为道德信仰,以美育引导思想政治教育成效的现实转化,明晰善恶,以美引善。

比如,西北工业大学建构戏剧美育课程体系,充分发挥戏剧的美育价值,根植于"为国铸剑,铸锻栋梁"的西工大精神,以戏剧表达爱国情怀、生命礼赞、科学精神及天下精神等内容,不断促进原创文艺作品产生,在实践中涵养学生的思想品质。上海音乐学院通过音乐专业教育,选择承载主流价值取向的民族音乐作品,引导学生深入分析作品的文化内涵,感悟音乐承载的民族文化和民族精神,如对《黄河大合唱》《红梅赞》等经典作品的创作年代及其背景故事进行分析,运用现代科技手段使学生感受音乐所饱含的爱国情感,增强学生的文化认同感和自信心。

三、高校美育与专业学科的结合

高等教育既以学科专业划分学习领域,又强调不同学科专业间的跨界联系与融合。高校美育并非艺术学科及艺术教师的专利,不止于对学生施以艺术的熏陶,还需要促进学生对自己专业的审美认识,发现专业的美,要能够跨专业、跨领域去发现美的规律的运用,进而体验专业领域的美。这体现了高校美育的跨学科性。

(一)美育与专业教育结合是跨学科人才培养的必然要求

学科专业体现某一领域的专门性特征,既是人才培养的基本单位,也是大学高深知识的集聚。高校美育同专业教育结合是专业知识、专业能力的艺术化表达,将专业习得建构为审美的对象,从而为大学生进行跨学科学习提供机会。从生理心理学上看,专业所需要的理性思维和艺术所需要的感性思维分别是人脑左、右半球的功能,倘若始终以专业教育来"过度"运转左脑,负责艺术和创造的右脑必然受到压制,反而抑制了学生想象力和创新能力的发展。因此,以形象化、情感化为特征的高校美育对于学生开发右脑、促进左右脑和谐发展,进而发展其基于专业知识的想象力和创新能力具有重要价值。

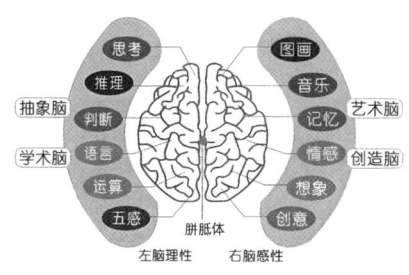

图 2-10 人类左右脑的功能

在课堂教学中，艺术的综合性可以为师生提供某种特殊的优势，多种艺术门类的综合和多种表现手法的综合则意味着多种感官通道融合与跨学科人才培养的可能。一方面，专业为艺术的生成提供科学基础，无论是自然科学、人文科学还是社会科学都能为艺术的创作与欣赏给予有力的支持，从而实现创作者与欣赏者的共情，正如20世纪苏联著名作家保斯托夫斯基说的："假如诗人精通天文知识，他们就可能把万里星空描绘得更加精美，更加耐人寻味。"[1] 比如在美术领域，法国化学家谢弗雷尔撰写的《色彩的协调与对比原理》，对太阳光谱色及物体颜色来自对不同波段光线的反射等研究，给印象派对光与影的运用带来很大的启发。另一方面，艺术也可以为专业学习与发展提供感性直觉的帮助。比如在物理学中，音乐常常扮演着重要角色，如爱因斯坦、海森堡这样的顶尖物理学家酷爱音乐并深受音乐的启发，爱因斯坦曾说："世界可以由音乐的音符组成，也可以由数学的公式组成。"[2]

（二）跨学科的高校美育样态

跨学科美育力图拉近艺术与文化、科技和伦理的距离，以艺术和专业教育的融合为契机发展人文、塑造人格，培养有活力、有创造力的跨学科人才，使其融入社会各个领域，为现代社会发

---

[1] 根纳季·齐平：《音乐活动心理学：理论与实践》，焦东建、董茉莉译，中央音乐学院出版社，2008年，第235页。

[2] 许良英、范岱年编译：《爱因斯坦文集》（第一卷），商务印书馆，1976年，第285页。

展注入新的力量。

第一,艺术学科课程自身的人文化改造。一方面,学生必须掌握一定的艺术基础知识和基本技能,促进学生在学习艺术知识的过程中去感受、鉴赏和创作;另一方面,加强艺术课程与中华优秀传统文化、地方特色文化相结合,提升学生的人文素养。比如西安邮电大学数字媒体艺术专业开设的"汉风唐韵"主题艺术设计课程,以西安汉唐文化为切入点,对汉唐文化中的建筑、雕塑、漆器、金银器等内容进行数字化改造,最大化实现视觉艺术传播价值,启发学生从数字艺术中领略汉唐文化的厚重历史和非凡气度。第二,艺术和专业学科课程的外部相辅。在跨学科实施的过程中,有意识地推动专业教学与艺术教育的互动,让不同学科的学生更好地理解艺术和人文观念以滋养人文精神。比如哈佛大学医学院开设的非临床类课程"训练双眼:提升医疗诊断技术",以引导学生参观美术馆、艺术工作坊等,研究并理解有关艺术的概念,结合医学实践来提升他们观察和描述医学现象的能力,并进一步实现学生有关医疗的伦理和人文情怀的养成。[1]第三,专业内发掘审美要素的内部耦合。通过审美的视角去对科学的概念、符号、公式和一般理论进行感知,挖掘其中的审美和艺术元素,在专业课程教学中提升学生的专业审美意识和能力。比如,"爱课程"平台上的南京航空航天大学施大宁教授的"物理与艺术"课程,从物理与艺术在人类发展中的内在关联性入

---

[1] 李牧:《欧美高校本科教育中的美育观念与实践及其对中国高等教育的启示》,《美育学刊》2020年第4期。

手，运用了极具艺术特色的语言对物理学的简要历史，声学、光学、天文学等领域的物理现象、物理规律和物理故事进行讲述，这正是对专业知识的审美认知所产生的新奇之感最贴切的表达。不同专业知识中都蕴藏着美的要素；通过美与艺术的手段进行转换和表达，融通艺术与专业教育，引导学生体验和鉴赏专业之美，激发和丰富学生对专业美的想象力和创造力。

（三）产教融合的高职美育样态

高职教育的目标是培养技能型和实用型人才，产教融合则将育人过程中的生产性与教育性相统一，使行业、产业资源和教育活动优势互补。因此，高职美育不仅指向学生所需一般审美素养的培育，还要依托当前所需的工作技能、岗位要求和未来职业生涯长远发展，开展基于产教融合的高职美育。

首先，高职文化素养美育。以培养文化素养作为开展高职美育的载体，是高职美育的基本样态。高职文化素养的教育不仅包括一般的文化素养，如文学素养、传统文化素养等，也包括与专业相关的行业素养、技术素养。比如湖北汽车工业学院经济管理学院开设的"汽车文化"课程，不仅通过汽车历史文化、汽车名人精神等阐释汽车文化，而且结合汽车技术、维护、机修等专业技能的学习，促使他们体会劳动精神、创造精神。其次，高职创意活动美育。高职教育既要教给学生专业的基础知识，又要提高他们实践操作的技能，这为高职学生自由地进行创意实践提供了条件。创意活动美育是指在职业教育中围绕一定的技术任务，调动学生的创新意识，引导他们通过创新思维和创新能力去解决问题，完成任务。再次，高职展演活动美育。高等职业教育重视学生实践技能的培养，在高职各类教学活动和毕业设计中都会存在一定的展演活动。特别是毕业设计，作为高职学生在校的最后一个综合性实践教学环节，往往以各种形式的作品创作或实践活动为载体，是学生创新能力、观察能力、审美能力、设计制作能力的综合体现。因此，诸多高职院校基于专业师生作品开发展演式的美育课程，不仅是对参展毕业生职业技能、审美素养的考量，让毕业生在创作过程中感受和欣赏作品的美并体验创作的愉悦，而且能使其他学生在观赏中潜移默化地感受到技术的魅力，调动其在专业学习中提高自身审美素养的愿望和动力。

第三节 高校美育的目标

教育与时代有着紧密的联系，培养德才兼备的创新型人才是新时代高校的使命，这为高校美育目标的确立指明了方向。

一、高校美育的新时代要求

随着时代的发展，审美、艺术在社会及个人发展中的价值日益凸显。由此，国际国内对高校美育都有了新认识，提出了新要求。以下将从时代变迁对高校美育目标发展的影响、新时代世一流高校的美育目标和我国高校美育的总目标三个方面进行分析。

（一）时代发展与高校美育目标的变迁

时代的发展引发艺术和审美世界的诸多变化，大众文化和多元文化、审美经济时代的到来及人工智能、大数据和5G等新兴技术的迅速发展影响了学校美育和艺术教育的目标。2006年，联合国教科文组织召开首届世界艺术教育大会，发布了第一份全球性艺术教育指导性文件——《艺术教育路线图》，明确了艺术教育的目的，包括保护人类受教育及参与文化生活的权利、发展个体能力、改善教育质量和促进不同文化的表达四个方面。2010年，第二届世界艺术教育大会发布《首尔议程：发展艺术教育的目标》，形成了艺术教育发展的三大目标，即确保艺术教育成为不断革新的优质教育的基本内容和长期内容、确保高质量的艺术教育活动与计划的构思和实施及运用艺术教育的原则和实践来促进解决当今世界面临的社会和文化挑战，每一项总体目标又有一些实用的方法和具体的行动要点相配合。其中特别指出了艺术教育之于社会创造力和创新力培养的重要性。另外，《首尔议程：发展艺术教育的目标》还强调"通过艺术教育来培养应对从和平到可持续性等主要全球性挑战的能力"[1]，把艺术教育活动的重点放在一系列广泛的当代社会和文化问题上，这为当前

---

[1] 联合国教科文组织：《首尔议程：发展艺术教育的目标》，第二届世界艺术教育大会，2010年。

提升高等教育的社会服务功能提供了重要启示。

2018 年，美国艺术与科学学院发布《为生命而艺术：艺术教育案例》，列出艺术教育的六个重要目标：让艺术成为每个孩子教育的重要组成部分；通过数据、研究和问责系统提升艺术的作用；确保艺术教育资金充足且公平；招聘、发展和支持艺术教育工作者；扩大艺术教育生态系统内的合作和伙伴关系；恢复美国联邦在艺术领域的领导地位。这一报告更加全面地概括了作为美育的艺术教育在教育机制、教育信息化发展及教育公平和美育系统中的作用。

事实上，以 AI 为代表的现代信息技术是时代发展的显著特征。一方面，人工智能等新兴技术让艺术产品和审美活动进入人们的生活，审美感知的对象来源更加便捷和多样，大学生的审美个性更加张扬，"AI 绘画""AI 能否被称为艺术家"等现象及其讨论甚至影响到"艺术和艺术教育是否有必要"这一根本问题，艺术创作变成指令性的口语，这必将使得高校美育目标的建构面临新的挑战。另一方面，新兴技术的智能化、动态化、实时化、可视化等特点，使得高校美育的目标更加突出指向性和建构性，对教学手段、内容的要求也更加灵活多变。[1]

总之，时代越来越呼唤高校美育能够培养具有审美和人文素养，胸怀社会责任感和使命，能够通过创造性的艺术活动去服务社会，推动社会政治、经济、文化和科技发展的一代新人。

---

[1] 吴衍发：《高校艺术教育在新美育时代的高质量发展》，《太原师范学院学报》（社会科学版）2023 年第 3 期。

（二）世界一流高校的美育目标

进入21世纪，世界一流高校对美育和艺术教育的课程与目标也进行了一定的改革。哈佛大学延续了20世纪中叶以来的通识教育课程体系并进行一系列的改革，2023年发布了最新的通识教育课程体系，包括审美与文化、伦理与公民、历史/社会/个人、社会中的科技四个模块，其中，审美与文化旨在促进学生批判性地参与不同历史和地域的多元的审美、创造和传统，帮助学生将自己和他人定位为艺术和文化的参与者和创造者。这一系列课程的目标又分解为四个方面：一是探索审美对象和实践如何影响我们的感官、情感和思想，并以自我的立场进行解释；二是直接参与和阅读广义的审美对象，包括各种实践和文本，以培养学生阅读、倾听和观察的技能，并支持分析这些对象在其文化背景下的生产和接收过程；三是利用各种方法对艺术和文化生产进行批判性分析，包括艺术创作，手工作业或参与性、体验性作业；四是探索艺术和创造性努力在塑造和重塑社会中的作用。哈佛大学为此提供了包括"现代艺术与现代性""来自地球的音乐""流行文化与现代中国"在内的39门课程。再如，麻省理工学院也为学生开设了自然科学必修课程、实验室必修课程、科学技术选修课程及人文、艺术、社会科学领域课程。在人文、艺术、社会科学方面旨在加强学生对各种文化和学科领域的知识的理解，并鼓励学生发展出作为一个人、一个职业工作者及一个社会成员所应该有的敏感性和技能。其中，艺术科目强调通过图像、文字、声音和运动（例如雕塑、故事、戏剧、音乐、舞蹈、电影或视频游戏）来创造和表现熟练工艺、实践和卓越标准。艺术科目不仅专注于审美技巧和工具，例如节奏、纹理和线条的使用，也重视批判性解释和历史分析。相关课程包括"艺术、文化和技术""建筑、艺术和设计史""音乐""戏剧艺术"等。

在专业艺术教育中，审美的目标也不断得到重视。英国爱丁堡大学艺术学院作为英国高校专业艺术教育的代表，其教育目标包括三个方面：第一，批判性思维——在对艺术的感性审美之外，还需要理性的判断反思能力；第二，思考大学如何为当代艺术作出贡献，探寻如何通过艺术推动社会发展，坚持通过在艺术、文化、政治上与其他学校及与公众对话，关切政治、社会问题；第三，提升艺术领悟力——艺术教育不只是大学的通识教育，专业艺术教师应经常带领学生在展品前仔细讲解，要求学生认真做笔记，甚至临摹名作，通过这种方式增加艺术感受力和领悟力。[1]

另外，斯坦福大学、东京大学、慕尼黑大学等均在其通识教育中加入了审美教育、艺术教育等课程或课程模块，重视学生的感性能力和批判性思维的培养，并将艺术参与政治和社会问题作为美育目标的延伸，最终培养全面发展的人。

（三）新时代我国高校美育的总目标

党的十八届三中全会《中共中央关于全面深化改革若干重大问题的决定》明确提出"改进美育教学，提高学生审美和人文素

---

[1] 余书涵：《探寻英国美育的虚与实》，《中国教育报》2020年7月31日第3版。

养",这指明了新时代我国高校美育的总体目标。

审美素养是指人对美的事物进行感知、体验、理解、评价、表现和创造的基本品质与能力的总和,其中,感性能力的发展是审美素养的基础,大学生需通过直接的感官刺激、愉悦体验及自由表达重拾儿童期的直觉能力并加以深化以获得深度审美经验。不仅如此,大学生审美素养还应拓展出对美的本质和规律的了解、对审美价值的正确判断,以及对专业领域进行审美的能力。大学生人文素养是指具备基本的人文知识及对人的存在意义和价值的关怀和追求,通过鉴赏经典文艺作品、学习人文经典论著及接收专业中的人文精神熏陶等,进一步加强对当前和历史、个体与社会等价值的反思,树立正确的人生观和价值观。

纵向来看,培养学生审美和人文素养可以分解为三个层次:第一,培养学生基本的审美、艺术知识及审美感知、想象、理解、表现和创作的能力,这是美育的基础目标,也唯有美育才能达成;第二,培养学生的创新能力,即具有积极的开拓进取精神、强烈的求知欲和好奇心、丰富的想象力和直觉力,能够创造性解决问题的能力;第三,塑造完美人格,即感性和精神的和谐发展,要求大学生不仅具有丰满生动的感性体验、充沛的生命活力,而且具有高尚的道德理想和价值追求,这是高校美育的最终目标。

二、不同类别高校美育目标的不同侧重点

不同高校的办学定位和专业特色会使美育目标实现过程既体

现出共性，也有各自的独特性。这里以普通高校、高等艺术院校、高等职业院校和高等师范院校四种主要类型来分析其美育目标的侧重点。

（一）普通高校美育侧重培养学生必备的感性能力

普通高校美育是一种审美型、感受型、情感型且非功利性的教育，可以促使大学生在潜移默化的情感体验中涵养性情，发展自身的感性能力，学会过美好、快乐和崇高的生活。这种感性能力并非单纯的感觉和知觉能力，而是包含感知力、理解力、判断力和创造力等要素的能力。所以美育既要满足学生的基本感性需要，不能盲目地偏重于知识技能教学，忽视学生的审美感知、兴趣和个性，又不能过分强调感官的刺激和满足，使学生沉溺于感性的享受，从而失去了对自然、艺术和人生的理性思考与把握。

具体来看，培养感性能力可从以下四个方面来理解：第一，培养学生感知觉能力。感知觉是经由人的各类感觉器官，或单一或综合地接受外部刺激，将各种感觉融为一体的状态，个体心理的联觉、错觉、想象甚至是幻觉都可能发挥作用，所感即所得。于学生而言，感知觉能力要求重拾其嗅觉、触觉、听觉等感官进而积累丰富的经验信息。第二，培养大学生感性理解能力。感性理解是审美的基础，它并非通过概念和逻辑把握对象，而是以具体形象和主体情感的耦合贯穿个体内心世界和外部世界，进而形成审美体验。这种理解更突出审美经验的深层性，蕴含着对对象内在意味及其引发的审美愉悦的把握与反思，而不仅仅是官能性的欢愉。第三，培养大学生感性判断能力。感性判断是基于感官信息对情感、精神满足状态进行价值判定的过程，它关涉学生高级的审美趣味和积极审美价值观的形成。第四，培养学生创意实践能力。创意实践能力是在经验材料的基础上，发挥主体性和创新精神、运用形象思维表达和创造新的审美形象的能力。高校美育应教会学生运用审美和艺术的方式创意表达个体的情感、思想，并能将此迁移到社会其他领域，通过艺术化的方式参与社区、社会改革。

（二）高等艺术院校美育亟须提升学生的艺术人文素养

高等艺术教育是培养艺术人才的专业教育，它既包括专门的艺术类高校，也涵盖综合类高校中的艺术学科专业。从现实来看，专业艺术教育比较注重或者说主要集中在各艺术门类知识技能的传授和训练上。这固然是专业艺术教育重要的目标和内容，因为它需要培养从事艺术活动的专业人才，但从美育定位来看，专业艺术教育不仅要育技，还要通过艺术来育人。传统专业艺术教育的弊端就在于把艺术降格为技艺，忽略了艺术丰富的情感和人文内涵及其对人的教化意义。所以艺术专业院校实施美育应基于学生艺术经验培养其人文素养，即艺术人文素养。

杜卫对此有专门论述，他认为艺术人文素养是指与经典人文论著和经典艺术相关联的知识、能力和观念的集成，主要涉及人文知识积累、人文理解和交流能力、人文价值观等。艺术人文知识主要是艺术史论及其相关的哲学、史学、语言学等人文学科知识，构成了艺术人文素养的知识基础。艺术人文理解和交流的能力是认知与想象、体验相互融合的一种理解力，具有直观性，但又可以达到哲理的深度。艺术的人文价值观是人文精神在艺术价值观上的体现，它既是一种以本土文化为立足点，又肯定文化多样性的文化观念，它还是一种艺术人生观，表现为在艺术活动及生活中的高雅品位和超越性人生态度。[1]

专业艺术院校加强艺术人文教育，并不是要在艺术教育过程中再增加额外内容，而是充分重视对经典艺术作品、艺术史论及艺术哲学等的学习，与艺术技能的训练构成艺术教育的两翼，减除"艺考""重技轻道"的误导和艺术产业、就业的功利性取向，提高艺术专业学生的文化领悟力和表现力，培养具有审美趣味和价值观的未来艺术家。

（三）高等职业院校美育凸显职业技术审美力的培养

高等职业教育是以就业为导向的教育，培养的是生产、建设、管理和服务第一线需要的高技能人才。高职学生既要有一般意义上的审美和人文素养，又因其职业教育的特殊性要求，需要具备职业技术审美力。一方面，从职业审美的角度看，职业生活是由一系列的职业活动所构成的生活样态，也是职业人的精神所归，它超越了职业的实在性，突出劳动精神的美。庖丁解牛、老汉粘蝉等故事，让我们看到了古代工匠在反复磨炼中不断把握事物之理，从而达到游刃有余之境界。这是高超技术与技艺之道的统一，其中蕴含了勤学苦练、精益求精、把握规律、不断创造的劳动精神，这也是职业之美的最高体现，所以高等职业教育在发展学生

---

[1] 参见杜卫《论艺术人文素养》，《美术研究》2023年第3期。

的技能时,不仅要将美的因素纳入劳动过程,美化劳动主体、环境、工具、过程、产品,培养学生的劳动者意识和职业伦理,还要凸显劳动精神的培养,将劳动创造美和劳动者审美统一于劳动实践中。[1]另一方面,从技术审美的角度看,高超的职业技能本身就是一种艺术,在其操作和实践的过程中给人带来美的感觉,技术美育就是要培养学生有关职业操作领域韵律美、技巧美、力量美等感知、欣赏和创造的能力。只有具备职业审美素质的劳动者在审美化的环境中才能生产出美的产品,产品的美学质量越高,其生产过程对于员工审美素质的要求就越高。

因此,高职教育的美育目标综合了职业审美和技术审美,比如《大国工匠》中被称为火药雕刻师的航天固体推进剂整形技

图 2-11 航天固体推进剂切削
(图片来源:央视新闻频道《大国工匠》)

---

[1] 参见陈鼎如《略论劳动美学》,《中国人民大学学报》1990年第3期。

人徐立平,需要在重达几十吨的庞然大物面前全凭手感进行不超过0.2毫米精度的火药切削,这既是30余年职业生涯的经验积累,让人对其多年如一日的坚守而感动,同时也是人工技术的奇迹,让人不觉惊叹!这种职业的精神和精湛的技术应当成为职业审美的对象。

(四)高等师范院校美育注重美育能力培养

高等师范教育主要是专门师范院校和综合类院校中的师范专业所承担的教师教育。高等师范教育既要求师范生具有一般大学生的审美素养,又要求其具有美育的能力。因此,师范类院校的美育目标应侧重学生美育能力的培养。

第一,帮助师范院校学生树立"教育需按照美的规律来实施"的教育美学观,提高其教育审美修养。教育作为一种特殊的实践活动,也应该符合美的规律。最初级的教育美的实施是从教师的语言举止、板书教具、教学内容等外显角度体现美的形式;其次是将美作为一种提高教学效果的工具,使教师的教学成为一种立美的过程,而学生的学则成为一种审美的过程;更高阶的教育美应该是师生在教育过程中所感受到的精神自由和生命整全。师范生作为未来的教师,他的教育审美修养将直接影响教育艺术创造的性质和价值。在接受师范教育的过程中,师范专业学生应学会将未来自己的学生视作一个具有独立思维和行动的、正在成长着的生命,"将教育教学过程从单向的知识灌输转变为师生之间平等自由的情感、认知和精神的交流,从而达成彼此生命的成长"[1]。

第二,培养师范院校学生学科美育观及对学科美的感知和表达能力。万物皆美,无论是自然科学还是人文社会科学,必然存在美的要素和形式。师范院校学生需要立足自身将来所从事教育工作的学科,树立学科美的意识,掌握挖掘和展示学科之美的能力,从教育观念到教学实践都具备教育审美的修养。如此,一个未来的语文教师才能有意识地挖掘诗词歌赋中的美,使学生在美的熏陶下获取文学知识、发展诗意表达能力;一个未来的数学教师才会让学生从枯燥的数字、公式、定理中感受到简洁、和谐和对称的科学美。只有具备教育审美修养的教师才能使学生在掌握科学知识的同时获得美的享受,在创造教育艺术的过程中体会到无穷的乐趣和满足。[2]

从总体上说,高校美育的目标就是提高学生审美和人文素养,上述四类高校美育目标的不同侧重不是绝对的,而是相对偏重,并不偏废。

三、我国高校公共艺术课程目标

2022年,教育部印发《高等学校公共艺术课程指导纲要》,明确指出高校公共艺术课程的目标是"以审美和人文素养培养为核心,以创新能力培育为重点,着力提升文化理解、审美感知、

---

[1] 易晓明:《师范生美育的双重目标及其改革路径》,《美育学刊》2021年第1期。
[2] 何齐宗:《教育美学新论》,人民教育出版社,2017年,第264页。

艺术表现、创意实践等核心素养"。因此，高校公共艺术课程目标可以从以下四个核心素养来理解。

（一）文化理解能力

艺术本身就是不同文化的符号和载体，面对社会生活中的艺术，单凭知识和技能的习得是远远不够的，更需要学习者自身参与艺术活动，参与艺术所包含的文化背景。一方面，文化理解是对学生感受和理解本民族文化艺术的能力要求。学生通过公共艺术课程学习中华优秀传统文化、革命文化、社会主义先进文化，感受和理解我国深厚的文化底蕴，形成文化自信。相关课程案例诸多，如西南交通大学"中国衣裳——传统服装文化"课程致力于从服装视角来透视历史文化的发展脉络和典型特征，了解中国传统文化，理解祖先的审美趣味；北京师范大学的"书法欣赏"课程图文并茂地讲授和演示中国书法的技法和书法欣赏的有关知识，通过经典作品鉴赏、书法家故事等内容，全方位向书法学习者及爱好者展示传统书法艺术的美。另一方面，文化理解是对学生接纳、包容多元文化和艺术并能够与之交流的能力要求。学生要感受世界不同地区的艺术，其他民族的风俗习惯、艺术风格，并学会识别、领会不同地区与时代艺术符号的文化含义。如首都师范大学的"中外舞蹈鉴赏"课程，引导学生鉴赏国内外经典舞蹈作品《天鹅湖》《红楼梦》《春江花月夜》及经典红色舞蹈等，促进他们从比较的视野了解和包容中外舞蹈文化，理解人类文明的多样性。

（二）审美感知能力

审美感知能力是学生对自然世界、社会生活和艺术作品中美的特征及其意义、价值进行感知和反应的能力。同基础教育的学习者不同的是，大学生的各类感官及心智已得到成熟发展，这种审美感知能力应在"视、听、触、味、嗅"等立体化的感官通道及对崇高、优雅、悲剧和喜剧等多维度的美感体验基础上进一步发展。因此，审美感知能力的培养，不仅让学生能够感受和理解艺术作品及其表现，把握其艺术语言、形象、风格和情感，还要求其能够达到一定的通感水平，形成感官之间的相互传递，如从自然山水中看见节奏，从颜色变化中感知冷暖，从诗词歌赋中体会情感等。

此类公共艺术课程较多，特别是各种艺术形式的鉴赏类课程。仅在中国大学 MOOC 平台上检索到的相关课程就有千余门，比如苏州大学"英语影视欣赏"课程选取欧美经典影片和鲜活的语言素材，引导学生学习赏析电影作品中的英美历史文化；沈阳师范大学"戏曲鉴赏"课程以戏曲艺术基础知识为切入点，通过讲解、案例、图片、视频、体验等方法帮助学生掌握理解、欣赏和评鉴戏曲艺术的能力。

（三）艺术表现能力

艺术表现能力是指学生在艺术实践中借助于一定的物质媒介，运用艺术语言和表现手段将艺术构思形成的艺术意象物态化，成为具体可感的艺术形象和可供鉴赏的艺术作品的能力，其

图 2-12 "艺术导论"课程学习者地标建筑摄影作品

实质是掌握审美表现活动的基本技能。作为高校公共艺术教育的课程目标,艺术表现更将这一实践操作能力视为对全体大学生的共同要求。艺术表现不完全依赖某一个艺术门类及其技巧,可运用多种艺术形式和素材甚至生活中的材料创造艺术形象,表达创作者的思想情感,比如对中华文化的自信、对多元文化的包容、对现实生活的热爱、对鲜活生命的歌颂及对社会主义现代化建设成就的欣喜等积极的情感。

譬如天津商业大学开设"艺术导论"的公共美育课程,充分考虑到非艺术专业学生的参与。课程由艺术设计原理开始导入,通过多媒体资料使学生了解艺术的起源、发展和本质规律,并进一步讲解如建筑、雕塑、摄影等具体艺术表现形式,开展综合媒介艺术创作。[1]

---

[1] 参见郝锐、岳明慧《高校公共美育课程"艺术导论"的思政体现与创意实践——以天津地域文化图像与符号呈现为例》,《艺术与设计(理论)》2023年第1期。

（四）创意实践能力

"创意"一词在当代被赋予新的含义，是主体按照个人意愿或相关要求发挥个人的智慧，创新造就一个作品或产品的实践活动。创意实践能力是指大学生能够跨学科组合知识并联系生活实际进行创新和应用的能力。这种创意并非机械重复，也没有现成答案。教师带领学生在探索艺术规律、提高艺术表达能力的同时进行审美判断，并结合不同专业内容启发学生形成自己的艺术个性、正确的艺术观点和具有创新意义的内容形式。教师在学生掌握基本的艺术表现规律的基础上，进一步引导学生举一反三，融会贯通不同艺术和自身学科专业知识，将这些规律迁移运用到社会实践及对社会问题的探讨和处理上。

简单的创意实践，如学校环境的艺术改造，让美术学习者从画板、画室中走出来，借由校园中的井盖进行涂画，生满铁锈的

图 2-13 井盖图绘

黑褐"斑块"瞬间变成创意图案。而较为深刻的创意实践目标则需要与专业知识结合起来，比如创意悬浮椅子的设计，就利用了物理学中的张拉结构，给人以悬空的新奇质感。

图 2-14 从张拉结构到悬浮椅子

第三章 高校美育课程的教学方法

进入 21 世纪，社会的快速发展和科学技术的不断进步给高校美育带来了翻天覆地的变化。高校美育在改革与创新中取得了突破式的进展，美育教学改革成果显著，逐步走向深入。这一变革不仅体现在教学内容与方法的革新上，而且体现在教育理念的转变上。高校美育课程作为美育实施的核心环节，也受到了学界的广泛关注和重视。高校美育课程不仅涵盖艺术、文化、历史等多方面的知识，还重视培养学生的审美能力、创新思维和人文素养，致力于引导学生发现美、欣赏美、创造美，从而提升学生的综合素质，促进学生的全面发展。

第一节 课程观及教学观

一、课程观：从封闭到开放

课程在教育活动中始终处于基础和核心地位。课程观是教育者对课程的基本看法，它界定了课程的本质与价值、课程的要素与结构、课程中人的地位等相关内容。从某种程度上看，课程观决定着课程的设计与实施，并最终影响着学生的发展。

现代意义上的课程理论，可以追溯到 17 世纪。当时，夸美纽斯就将教学理解为像钟一样的机械与准确："教学艺术所需要的也不是别的，只不过是要把时间、科目和方法巧妙地加以安排而已。"[1] 他强调教学应遵循从简单到复杂、从易到难的过程。"应当在仔细学习一门语言或艺术以前，先把它的一般概念（是一种素描，越轻微越好，但要包括它的各个部分）告诉学生，使他刚一开始就能明白它的目标、限度和内部结构。"[2] 颇具影响的 18 世纪教育家赫尔巴特在前人课程理论的基础上，提出了较为完整的课程理论，其课程理论的基本主张是强调课程内容的选择必须与儿童的经验和兴趣相一致。他同时主张统觉原理，认为新的观念和知识总是在原有的理智背景中形成的，是以原有观念和知识为基础产生的。"最有效地、自始至终地安排教学整体，

---

[1] 夸美纽斯：《大教学论》，傅任敢译，人民教育出版社，1984 年，第 78 页。
[2] 夸美纽斯：《大教学论》，傅任敢译，人民教育出版社，1984 年，第 122 页。

以便使每一个先前的结果为相似的和较远的结果做好学生心理上的准备,这是我在一些教育著作中主要考虑的问题。"[1] 为此,他提出了课程设计的"相关"(correlation)和"集中"(concentration)两项原则。后来,斯宾塞最早提出"curriculum"一词,原意是指"教学内容的系统组织"。[2] 由于"curriculum"原意是静态跑道,因此,教育中过多地强调了课程作为静态、外在于学习者的"组织起来的教育内容"的层面,相对忽视了教学者和受教育者动态的经验和体验的层面。到了20世纪四五十年代,被誉为"现代课程理论之父"的泰勒,确定了课程编制的四个步骤或阶段,即确定教育目标、选择学习经验、组织学习经验、评价教学结果,进一步明确了课程教学的规范,成为现代课程理论的经典。[3] 可以看出,在现代课程理论视野中,课程是教学内容注重逻辑与系统、教学过程力求完美实现教学规定目标的一种精心规划的封闭式教学,教学过程强调准确与清晰。因此,也有人将现代课程理论中的课程理解为一个指令性的传输计划,突出程序和指令的机械执行。[4] 教学过程是让学生不断地接受、记忆、重复已有知识的过程,学生是信息的收集者。

随着对课程理论的深入研究与不断反思,后现代课程观在整

---

[1] 张斌贤主编:《西方教育思想史》(修订版),人民教育出版社,2011年,第355页。

[2] 参见赫·斯宾塞《斯宾塞教育论著选》,胡毅、王承绪译,人民教育出版社,2005年,第6—46页。

[3] 参见施良方《泰勒的〈课程与教学的基本原理〉——兼述美国课程理论的兴起与发展》,《华东师范大学学报》(教育科学版)1992年第4期。

[4] 参见汪霞《课程研究:从现代到后现代》,《湖南师范大学教育科学学报》2003年第1期。

体上颠覆并超越了以泰勒原理为代表的现代课程理论,形成了后现代思潮,其中典型的观点包括以派纳和斯特拉瑞为主要代表的解构的后现代课程理论,认为课程是一种主动的历程、一种整体的生命经验,而不只是一种产品、计划、教科书、教学指引、标准化测量、目标等。这种课程观认为,教学过程不再是直线传递,也不必时时刻刻、每个环节都清晰明确,而是在意义的网络中流动、开展、散播,永远都是变动、有待补充的;美国著名学者多尔的后现代课程强调课程是开放的系统,鼓励学生从混沌的不确定性中激发出新的自我组织,课程越丰富,交叉点越多,构筑的联系性越多,随之意义也就愈加深化;[1] 审美的后现代课程观关注生活世界在课程领域的现实客观地位,重视释放艺术的活力与魅力,用艺术的灵性挑战空洞的形式主义与教条主义,以多维的视阈来阐释多重的真实实体。艾斯勒指出,绘画、游戏、诗歌等艺术内涵在教室或学校中的教学将扮演重要的角色;[2] 格林认为,如果艺术与审美的独特功能能被肯定,在未来的课程图景中,艺术与审美将带来真实的与多元的视野。[3]

后现代课程观强调课程内容的开放性、课程教学目标的不固定性,认为课程是在教学实践中的一种创造,课程的目标在于创新知识、发展能力。在教学过程中,更注重探究性与学生的参

---

[1] 参见小威廉姆·E. 多尔《后现代课程观》,王红宇译,教育科学出版社,2000年,第230页。

[2] Eisner, E. W. , *The Enlightened Eye*: *Qualitative Inquiry and the Enhancement of Educational Practice*, New York: Macmillan, 1991.

[3] Greene, M. , "The Artistic-aesthetic and Curriculum," *Curriculum Inquiry*, 6 (4), 1988.

与。课程活动不再是传统的教师单向传输的知识讲授，而是一种互动的研究性活动，课堂知识不再是终极的知识，而是师生互动中构建的课程文本，教学的主要目的也从知识的传授转变成学生能力的发展。

二、课程教学：从传递到发现

随着课程观从现代发展到后现代，课程教学也从传递式教学发展为发现式教学。

所谓传递式教学，就是在教学过程中，教师对于整个教学已经预设了一个隐含的答案和目标，而不管教学活动的形式如何，最终都只是为了传递预设的答案和目标。传统的教学主要是传授已有的知识，强调如何有效组织这些知识，用什么方法讲授这些知识，以使这些知识能被接受者更有效地理解和掌握。这种教学方法的课程评价通常用于检验学生对已有知识的记忆、理解程度。因为教学过程注重教师向学生单向输出知识，强调教师的讲授，忽视学生学习的创造性，故人们也常常称其为灌输式的教学方法。

所谓发现式教学，则是强调和重视整个教学的过程，以及在教学活动中教师与学生之间的对话与沟通，对于整个教学活动的目标是什么及教学过程中知识发展的结果是什么，往往并不是事先决定和预设的，而常常是教师与学生在教学活动中共同发现的。在后现代课程观看来，课程目标的不确定性、课程的自组织、课程文本的师生共同构建，都强调了课程中的开放性、课程中教师和学生的创造性，课程中贯穿着一种对于发现的期待。当然，发现式教学并不完全否定传递式教学，而是在传递式教学的基础上完成必要的知识传承，并在教学过程中超越传递式教学的局限，通过探究性活动，教师与学生相互激发产生灵感，从而获得超越预设答案和预期目标的新知识。

课程观及教学观的发展又具体体现为以下两个方面。

一方面，课程价值主体的变化。在现代课程观视野中，主体是以教师为本位的，注重的是课程中的"物"——知识；而在后现代课程观的视野中，课程建设和实施更注重过程中人的参与与体验——教师和学生在课程中的互动，尤其是教师和学生在课程中的建构作用，注重学生的"体验"——"课程是学生在教师指导下所获得的经验或体验以及学生自发获得的经验或体验"，没有学习者对文本的自我构建和自身体验，课程文本的任何意义都是外在的。可见，后现代课程理论更关注课程中的受教育者的能力发展。

另一方面，课程中权力与地位关系的变化。这种变化体现在选择与安排课程内容的权力上。现代课程观中的教学内容具有外部的规定性，后现代课程观中的课程内容却体现出课堂上师生共同完成对知识文本的构建，这一变化打破了官方知识对课堂的垄断，体现出课堂文化的多元性。这种变化还表现为课堂上师生关系的变化——在后现代课程观中，教师不再是"知识的权威"，而是"平等者中的首席"，课程教学过程强调的是师生间的对话与合作，体现的是平等的、探究式的师生关系，学生在与教师共同构建课程的同时，发展了能力，并能体验到自信和成功的乐趣。

课程理念引导着课程建设与改革，美育课程也不例外。以什么样的标准评价课程的质量，是把课程看作计划性的、静止的、教师主导的、封闭的、以传授知识为目标，还是把课程看成对话的、探究的、开放的、以发展能力为目标，这是课程建设和教学改革要解决的首要问题。后现代课程观体现的师生间的对话关系、平等的探讨方式，承认师生对知识构建的价值，注重学生自我意识的提升和个性的解放，强调主动性、创造性，承认并关注学习者的经验，都无疑对学生能力的培养大有裨益。这些都对高校美育课程有着重要的启示和借鉴价值，值得我们继续深入研究。

第二节 高校美育教学法研究

随着课程观与教学观的发展，教学法也在教学研究与教学实践中得到不断的探索和变革。原先课程观下的传统教学法已经渐渐不能满足教育的需求，新的教学法更倾向于以学生为中心，鼓励学生自主学习、主动探究，培养其创新精神和实践能力，也更加注重与现实生活的联系，使学生更好地理解和应用所学知识，获得全面、长足的发展。本节将从以教师为主体、以学生为主体和师生双主体三个维度，分析高校美育适用的教学法。

一、以教师为主体的教学法

（一）讲授式教学法

讲授式教学法是一种常见的以教师为主体的教学方式，主要是通过教师讲授、学生听讲的方式传递知识。古罗马教育家昆体良非常认可这一教学方式，他说："更多的学科必须由一个教师同时对很多学生进行教学。"[1]作为一种传统的教学方式，讲授式教学有利于向学生传授系统化的知识，帮助学生建立完整、全面的知识体系，但同时也有着诸多局限——容易忽视学生的个性化和差异性，也不利于培养学生的自主学习能力和思考能力，尤其是在美育教学中，讲授式教学对培养学生的艺术实践能力、提高其审美素养的作用有限。对于讲授式教学法，我们应根据教学内容予以灵活使用。在讲授理论内容时，可通过系统的、有条理的讲解和阐述，帮助学生理解学理性较强的知识，同时，也要在教学活动中充分结合其他教学方法，弥补讲授式教学法的不足，避免使美育课堂成为学生被动接受知识灌输的场所。

（二）演示教学法

演示教学法是教师通过展示实物、图像或现场操作等办法，向学生进行技术技能、操作流程、工作过程或加工程序等内容的示范。赫尔巴特在其著作《普通教育学》中首次提出将演示方法作为教学的基本方法之一，强调教师的演示和示范作用。后来，杜威在实用主义教育理论中，将演示法称为"示范法"，并提倡在教学中使用。这种教学方法能够让学生提高观察能力、获得感性认识，在实践运用的现实场景中更为直观地理解抽象事物及其原理。

---

[1] 昆体良：《昆体良教育论著选》，任钟印选译，人民教育出版社，1989年，第22页。

在美育教学中,演示教学法有助于激发学生的学习兴趣和探究欲,为进一步开展艺术实践能力的学习奠定基础。俄罗斯音乐学家根纳季·齐平曾指出,教师的演示和语言解释是培养学生音乐演奏技能的基本方法,借助于演示的方法,教师能带给学生直观的激情与演奏手段和细节。[1]在美术与书法教学中,演示教学法也得到了广泛的应用,教师通过展示绘画、雕塑、书写等具体实践过程,演示相应的实践技法和步骤,展示艺术作品,使得抽象的技术方法可视化。同理,在表演艺术的教学中,也可以通过演示法帮助学生多角度、全方位地对所学内容产生感性认知。尤其是对于零基础的学生来说,演示法能够发挥激发兴趣、提供模仿学习对象的重要作用。

然而,演示法仍是一种以教师为主体、让学生被动接收信息的教学方法,较少为学生提供主动思考与实践的空间,因此难以真正发挥美育教学的巨大作用。新时代的美育教学更需要通过以学生为主体的发现式教学,让学生在探索和发现的过程中提高审美能力和创新能力。

二、以学生为主体的教学法

(一)体验式教学法

体验式教学的思想最早可以追溯到亚里士多德"知识并非灌

---

[1] 参见根纳季·齐平《音乐活动心理学理论与实践》,焦东建、董茉莉译,中央音乐学院出版社,2008年,第218页。

输而来，而是通过我们的亲身体验与思考而逐步产生"的观点。认知科学与建构主义学习理论也强调了学习者的经验、环境与亲身参与对其知识体系建立的重要性。皮亚杰、杜威等教育学家均提出以学生为主体、让其在体验中获得知识和经验的教学法。[1]体验式教学法强调学生的主动性和参与性，通过创造实际或模拟的情境，让学生在实践层面和思想层面获得经验，从亲身体验中学习知识、技能和态度。相较于以教师为主体的教学法，体验式教学法更能激发学生的学习兴趣，提高学生的学习效果，同时也能够培养学生的创新能力和实践能力。因此，体验式教学法是一种非常有效的美育教学方法。

体验式教学法在美育教学中已得到广泛应用。在音乐、舞蹈、戏剧、美术等鉴赏与实践课程中，通过实地考察、模仿学习、实训教学、模拟现场表演、游戏活动、人物扮演、作品展示等方式，学生的积极性和参与度得到了提高，学生的个性与主体性得到了发挥。此外，借助于现代多媒体技术手段，也能用更加生动、形象的艺术欣赏与实践资源，为学生提供丰富多元的感官体验。通过亲身体验，学生能够更好地理解和感受艺术作品的内涵和美感，在实践中完成理论知识的转化，提高艺术感悟力和创造力。

（二）情境式教学法

情境式教学法的起源可以追溯到古希腊哲学家苏格拉底的

---

[1] 参见马丽娜、南纪稳《探究体验式教学》，《当代教育论坛》2007年第6期。

"产婆术"式教育，这被认为是情境教学的雏形。19世纪，随着杜威对"情境"概念的界定，学术界开始系统地探讨情境式教学法。作为一种教育策略，情境式教学法起初并非针对特定学科，而是一种全面的教育理念和方法论。该方法论主张学习应与学生的实际生活紧密相连，通过情境的创设激发学生的思考与探究欲望。20世纪中叶，情境教学法在教育领域的应用逐渐普及，尤其是在语言教学中。此后，其应用范围进一步扩展至文学、历史、地理等多个学科。20世纪70年代，情境式教学法被引入中国，并在体育、艺术和思政教育等学科中得到实施。

在高等教育的美育领域，情境式教学法因其创新的教学理念和显著的实践成效，日益受到学术界的关注。该教学法通过精心设计的情境，旨在激发学生的情感体验，促进其积极参与和深入探究。实施情境式教学法时，教师需遵循一系列逻辑严密的步骤：首先，基于教学目标和学生特性，创设适宜的教学情境，如通过音乐、绘画、影视等多媒体资源的综合运用，打破不同艺术形式之间的界限，构建统一的艺术体验空间，增强学生的艺术感知。其次，教师引导学生进入并体验情境，以唤起学生的真实情感，激发其艺术表现力。继而，在体验的基础上，教师拓展情境，引导学生巩固和深化所学知识。最后，教师再现情境，对教学内容进行回顾和总结，以加深学生对情境的记忆和理解。

然而，情境式教学法的有效实施受到包括学生个体差异、教师专业素养、教学环境和资源在内的多种因素的影响。为了提高情境式教学法的应用效果，建议美育教师尊重学生的主体性，深入了解其需求，同时提升自身的教学技巧和理论水平，根据具体的教学环境和学生的实际情况灵活运用情境式教学法。

（三）多模态教学法

多模态教学法源于多模态话语分析理论。"多模态话语指运用听觉、视觉、触觉等多种感觉，通过语言、图像、声音、动作等多种手段和符号资源进行交际的现象。"[1]在多模态教学中，教师可以通过多种方式来呈现教学内容，不同的模态可以相互补充，让学生从多个角度来理解和掌握知识。

多模态教学有助于实现高质量的美育教学，通过结合多种不同的模态和符号系统，让学生全方位地感受和理解艺术的魅力。利用多模态教学法来呈现艺术作品的不同方面，如利用图片、视频、音频等模态来呈现艺术作品的视觉和听觉效果，利用动作、表演等模态来呈现艺术作品的动态和情感表达，这能够让学生从多个角度理解艺术作品的内涵和价值，提高学生的审美体验。

随着信息技术的迅猛发展，多模态教学也在不断拓宽新的技术手段，如3D全息技术已被应用于沉浸式舞蹈教学，通过虚实融合的场景，借助于声、光、电为学生提供全身心地沉浸舞蹈感知，让学生在全息虚拟空间中走进舞蹈场域，通过视听建立舞蹈主题概念与场域文化空间的联系，打破了已有教学空间的局限。[2]未来，或许将有更多的新兴信息技术融入美育教学中，帮助学生感受艺术的魅力，提高美育教学的效果和质量。

---

[1] 张德禄：《多模态话语理论与媒体技术在外语教学中的应用》，《外语教学》2009年第4期。

[2] 参见蒙曦《3D全息沉浸式舞蹈教学实践探究》，《大数据时代》2023年第6期。

三、以师生双主体为中心的教学法

（一）探究式教学法

探究式教学法是后现代课程观中的一种发现式教学，将教学活动与研究活动进行深度融合。它的基本特点是"不将现成的结论告诉学生，教师为学生提供问题情境并组织、引导学生自己去发现问题、解决问题"[1]。1916年，杜威发表《民主主义与教育》，他在书中倡导的"从做中学""问题教学法"的教学模式就已显现研究性教学的思想。20世纪初，另一位教育家克伯屈依据杜威"从做中学"的教育思想创建了一种教学组织形式和方法——"设计教学法"，即"把设计法理解为以有目的的方式对待儿童，以便激发儿童身上最好的东西，然后尽可能放手让他们自己管理自己"[2]。曾推动发现式教学的美国教育心理学家杰罗姆·布鲁纳指出，学生在学习中是主动的、积极的知识探究者，而非被动的、消极的知识接受者，为此，教师要为学生提供一种独立探究的研究情境，使学生学会如何学习，促进学生的智力发展。[3] 1961年，施瓦布在《作为探究的科学教学》（Teaching of Science as Inquiry）的报告中提出了探究式学习

---

[1] 偶伟国：《以探究领略数学思维之美——基于素养培养的探究式教学研究》，苏州大学出版社，2017年，第7页。

[2] 威廉·H. 克伯屈：《教学方法原理——教育漫谈》，王建新译，杨爱程、黄学溥校，人民教育出版社，1991年，第304页。

[3] 参见应俊峰《研究型课程》，天津教育出版社，2002年，第11—12页。

法，使得这种教学方法更便于操作。[1]

探究式教学要让学生在教师创设的研究情境中，从问题的解决出发，围绕问题开展讨论、学习和总结。这一开放性的过程发挥了师生两个主体的能动性，教师需要对拟待解决的问题加以合理设计，并给予学生主动参与研究、解决问题的机会，让学生综合运用已有的知识，学会探索解决问题的方法，培养学生独立思考的能力和创新能力。同时，让学生在接近真实的研究与工作情境下，在协作讨论、组织会议、撰写报告等解决问题的各个环节中，提高交流、合作与组织的能力。探究式教学法对学生综合学习能力的发展大有裨益，因此被各个学科领域的教学所应用。

美育的核心目标在于培育学生的审美鉴赏力、创新能力和想象力，同时促进其素质的全面提升。在此过程中，教师扮演着至关重要的角色，他们不仅是知识的传递者，而且是激发学生探索精神与创新能力的关键因素。为此，可以采用基于问题的学习（problem-based learning，PBL）和案例教学法等探究式教学策略，这些方法已被证实能够有效提升学生的学习动力，引导他们在美育理论与实践技能的学习中进行深入探究，从而深刻理解和掌握相关知识及研究技巧。在具体的美育课程教学实践中，可以以音乐、美术、舞蹈、戏剧等领域的研究课题为教学的切入点，引导学生超越对教师和教材的依赖，主动探索和利用书籍、学术期刊文献、互联网资源等多样化的学习资源，鼓励学生从课内向课外延伸，对艺术现象进行批判性思考，形成自己独到的见解，

---

[1] 参见应俊峰《研究型课程》，天津教育出版社，2002年，第12页。

以培养其独立研究和终身学习的能力。

（二）问题导向教学法

基于问题的学习，简称 PBL，或译为"问题本位学习"，它始创于 1970 年加拿大的 McMaster 大学的医学院。近年来，这种教学方法不仅在医学院和职业技术学院的教学过程中得以广泛运用，而且在欧美的工程教育中也越来越多地运用于项目设计训练和实验类课程。这一方法"强调把学习设置到复杂的、有意义的问题情境中，通过让学习者合作解决真实性（authentic）问题，来学习隐含于问题背后的科学知识，形成解决问题的技能，并形成自主学习（self-directed learning）的能力"[1]。

在基于问题的学习模式中，学习目标、教学的切入点及师生角色的界定是紧密相连的要素。PBL 模式侧重于高级认知技能的培养，其教学策略的核心在于通过问题驱动的方式引导学习过程：学习者从具体问题出发，主动获取相关知识，并将其应用于问题解决的实践中。这一过程通过循环迭代的方式，不断促进学习者对知识的深层次理解，并增强其知识应用的灵活性。正是这种以问题为核心的学习路径，自然而然地促成了师生之间角色和地位关系的转变。在 PBL 中，学生的主体性得到显著提升，他们被鼓励去自主探索、积极思考，从而实现个性化的学习目标。与此同时，教师的角色由传统的知识传递者转变为学习过程的引导者和促进者，他们通过提供适宜的指导和反馈，帮助学生在解

---

[1] 张建伟：《基于问题式学习》，《教育研究与实验》2000 年第 3 期。

决问题的过程中构建知识框架,培养其批判性思维和创新能力。

PBL 曾被应用于美术、艺术设计、舞蹈等艺术学科的教学中,通过引导学生进行自主的艺术作品模仿、讨论、空间设计等,并以合作的方式进行研讨,就教师提出的问题给出结论或方案。[1]这一方法的优势在于可以提高学生的主动性和参与度,使学生更加深入地理解课程内容,提高自主学习能力和合作能力。

(三)案例教学法

案例教学法(case methods of teaching)最先应用于法学、医学、管理学等学科。1910 年,哈佛商学院科普兰博士在其工商管理教学中使用讨论法进行教学,"许多工商管理行业的人员走进课堂,向学生展示自己管理中遇到的各种各样的问题,并写出了案例分析和解决问题的诸多方法"[2]。案例教学法需要师生的同时参与,教师选择和编写恰当的材料作为案例,在课堂上鼓励学生围绕这些案例展开讨论和研究。学生也需要在课前更多地发挥主观能动性,尽量充分地预习相关的理论知识。在分析、讨论案例的过程中,学生可以接触到贴近现实情境的案例,从中主动地寻求解决相应问题的知识。案例教学有助于将学生所学知识内化,同时也能提高学生的表达能力与创造力。

案例教学法常见于艺术设计课的教学中。通过对经典艺术作品、设计作品等具体案例的分析与讨论,学生可以在特定的情境

---

[1] 参见任然编著《基于 PBL 的艺术教学问题研究》,吉林大学出版社,2019 年,第 191—192 页。

[2] 郑金洲编著:《案例教学指南》,华东师范大学出版社,2000 年,第 7 页。

中提出设计创意并付诸实践。在侧重艺术创作的课程中,无论是音乐、舞蹈、美术设计等实践性较强的课程,还是戏剧、戏曲等文本内容吃重的课程,都可以通过引入具体的案例,将抽象的美育理论具象化,让学生在分析、讨论案例的过程中,通过解决实际问题理解和掌握相关知识,在思维的碰撞中激发创新活力。

(四)混合式教学法

混合式教学(blending learning)是一种在线学习与面授教学的混合,这种教学方法经已由以信息技术为重点的技术应用阶段、以交互为重点的技术整合阶段发展至当前以学生为中心的"互联网+"阶段。[1]混合式教学强调学习过程中学生的主体地位,通过结合在线教学和传统教学两种教学组织形式,突破学生学习的时间、地点等客观条件的限制,把学习者由浅入深地引向深度学习。

在混合式教学中,教师通过在线课程、翻转课堂、MOOC、SPOC(小规模私有在线课程)等教学途径,制作教学视频、书籍课件等学习资料,讨论问题,布置习题作业与进行课程测试,等等,为学生提供丰富、立体的课程资源。混合式教学既可以以线下面授课程为主,将线上课程资源作为教学辅助,也可以以线上自主学习为主、以现场教学为辅,还可以形成面授教学、基于

---

[1] 参见冯晓英、王瑞雪、吴怡君《国内外混合式教学研究现状述评——基于混合式教学的分析框架》,《远程教育杂志》2018年第3期。

网络的在线教学、移动学习三种方式完全融合的教学方式。[1]混合式教学能使学习过程更好地满足学生个性化发展的需求,增强学生的学习动力,比传统的教学课堂具有更高的灵活性和便利性,并通过配备在线评估系统,及时获得学生学习情况的反馈与评估。

现代信息技术的发展为混合式教学法在美育课程中的应用拓宽了空间,利用丰富多样的教学资源,让学生在课堂以外的时间进行学习,极大提高了学生的学习效能。目前,混合式教学法在艺术通识课程中得到广泛应用,尤其是在音乐史、美术史等史论类课程与艺术鉴赏类课程中,教师将庞杂的艺术作品与理论知识以讲座、音视频资料、访谈纪录片和相关书籍等方式和媒介传递给学生,帮助学生拓宽艺术视野和知识面。

(五)互动教学法

互动教学法"以师生群体作为主体,以增强学生学习的交流互动为特征"[2],主张在课堂上开展师生之间、生生之间、生境之间及学生自我的多边互动,通过提问法、对谈法、游戏法、活动法、道具法、学生演示法、分组竞争法等具体方法,让学生在与教师和朋辈的互动交流中获取知识,在不同观点的碰撞中激发想象力和创造力。在互动式教学中,"学生积极参与、反映和创

---

[1] 参见冯晓英、王瑞雪、吴怡君《国内外混合式教学研究现状述评——基于混合式教学的分析框架》,《远程教育杂志》2018年第3期。
[2] 参见黄甫全主编《现代课程与教学论》(第二版),人民教育出版社,2011年,第358页。

造,是教学过程的主体,教师是教学过程的规划者,是学生的组织者,是问题和资料的编写者、提供者"[1],这种教学法强调了师生之间的平等关系,激励学生提出和表达观点,培养学生的交流合作能力与情感认知能力,同时也鞭策教师钻研教学内容,"发现新理论,研究新问题,传授新知识,提出新观点"[2],增进教师与学生间的思想沟通,达成教与学的相互促进。

互动式教学中不仅有信息、问题、思想和教学上的互动,也存在着情感互动——"情感是人与人之间交流、合作的重要纽带,师生双方心理层面的相互接纳和认可直接影响教学的成败"[3]。这也与美育教学的目的在一定程度上具有一致性,即培养学生的情感能力、提高学生的感性素质。在美育课程中展开互动式教学,可以结合教师的指导,给予学生阐述认识想法、展示艺术实践能力的平台,提高学生的研究兴趣和实践动力。尤其是在声乐、美术等学科的鉴赏或实践课程中,互动式教学能帮助教师及时了解学生的能力水平与认知程度,从而为课程教学的设计与改进提供参考。

(六)工作坊教学法

工作坊(workshop)教学模式起源于20世纪初德国包豪斯学

---

[1] 周毕文、李金林、田作堂:《互动式教学法研究分析》,《北京理工大学学报》(社会科学版)2007年第S1期。

[2] 黄积虹:《论互动式教学法在高校课堂教学中的运用》,《思想战线》2011年第S1期。

[3] 钱蓉:《互动教学法新论》,《教育理论与实践》2012年第9期。

院的建筑设计领域，包豪斯学院的创建者、现代建筑设计的奠基人之一瓦尔特·格罗皮乌斯倡导"技术与艺术并重"的教育理念，学习过程犹如"工厂学徒制"，学生的身份是"学徒工"，除了理论学习，也要进行技艺实践能力的培养，实现教学、研究、实践的高度融合。[1] 这种教学方法是"一种参与式、体验式、互动式的学习模式，通常由10—20名成员组成一个小团体，以一名在某个领域富有经验的主持人为核心，成员在其指导之下，通过活动、讨论、短时演讲等多种方式共同探讨某个话题的组织模式"[2]。

工作坊的设计可以充分考虑到学生的学习需求，适用于模块性较强的教学内容或专注于某一特定能力的培养和集中提高。对学生而言，工作坊模式往往涉及相关领域的前沿话题，具有较强的启发性，学生能够在参与过程中提升自主学习能力和交流能力，取得明显的阶段性进步。

工作坊模式在艺术教学领域尤其在实践教学方面得到了广泛的应用，如在舞蹈教学中，可借鉴国外专业舞团以工作坊的形式面向普通群众展开舞蹈教育，向零基础学生进行舞蹈知识普及与简单的实践教学，扩大美育教学的覆盖广度。[3] 相应地，在声乐、器乐、话剧、戏曲等表演艺术的教学课程中，也可以围绕某一具体风格流派、创作者或艺术作品，以工作坊的模式进行理论

---

[1] 参见刘禹、王来福《基于工作坊的高等教育实践教学体系的研究》，《东北财经大学学报》2009年第1期。

[2] 王雪华：《工作坊模式在高校教学中的应用》，《当代教育论坛（管理研究）》2011年第8期。

[3] 参见武艳《英国舞团工作坊教学模式启示》，《北京舞蹈学院学报》2009年第2期。

知识与表演实践的普及教学。在建设工作坊时，可以充分利用校园资源对教学内容进行拓展和延伸。另外，工作坊也是融汇校内与校外资源的重要平台，通过邀请相关艺术领域的专家进行指导，发挥专业人士对艺术通识教育的带动作用，提升非艺术专业学生在艺术领域的认识水平和综合素养。

（七）其他

除了上述教学法，美育教学法的探索与研究还可以从其他学科的教学方法中得到启发，如在语言教学中常用的内容与语言整合性学习（content and language integrated learning，简称CLIL）教学法，在外语教学中将学科内容和语言学习结合起来，用外语教授科学、地理、历史、艺术等内容，使外语习得和学科学习彼此创造语境，促进语言和学科知识的双重学习。这一方法也可以被外国艺术理论或鉴赏课程所借鉴，在教学中，通过CLIL教学法中的4C原则，即内容（content）、交际（communication）、认知（cognition）、文化（culture）共同构成课堂语境，同时激发学生对文本内容和外语文化的学习兴趣，提高学生的表达能力和综合文化素养。[1]与之相似的还有来源于二语教学中的浸润式教学法，"让学生在一个具体的情境中学习非母语，实现文化和知识同时渗透给学习者，使其获得双语思维能力"[2]，在中国传统艺术的教学中，也可以借助于多媒体技术为学生营造浓厚的文化氛围，让

---

[1] 参见盛云岚《欧洲CLIL模式：外语教学法的新视角》，《山东外语教学》2012年第5期。

[2] 顾忱：《浸润式教学法在民间舞教学中的应用》，《艺术研究》2021年第4期。

学生了解艺术与审美背后深刻的文化内涵。

此外，艺术专业教育中的教学方法也可以为美育教师所采用。如面向已掌握一定艺术实践技能的非零基础学生，可以借鉴舞蹈教学中的拔带法，鼓励学生根据艺术作品的图像或音视频资料进行模仿与练习，再对学生的学习成果加以指导和纠正，提升学生的观察、模仿、想象、感知、思考能力。[1]又如达尔克罗兹体态律动教学法认为"在时间与空间背景下呈现的'身体律动'与'音乐'两个主体之间有着紧密的关系"[2]，"真正的体态律动教师必须完全具备在钢琴上即兴演奏的能力"[3]，将体态律动、视唱练耳、即兴音乐活动纳入音乐教育的体系中，唤醒学生对音乐的感受力。音乐教育中的奥尔夫教学法将音乐与语言、肢体舞蹈和乐器等融为一体，也适用于教授音乐零基础的学生，让学生在丰富的感官体验中全面地激发情感体认。

四、美育课程中教学法的选择与应用

在教育理念和教育技术不断进步的基础上，教学法的丰富和更新为美育教学提供着新思路和更多可能性。这些新方法可以充分激发学生的学习兴趣和热情，更好地实现美育教学的目标，同时也为美育教师提供了更多的选择和机会，用以促进师生互动、

---

[1] 参见郑兰、刘源《浅谈舞蹈美育课程的"拔带教学法"》，《中国艺术》2022年第S1期。

[2] 埃米尔·雅克-达尔克罗兹：《达尔克罗兹方法——体态律动》，谢呈译，文化艺术出版社，2021年，"写给读者的话"。

[3] 埃米尔·雅克-达尔克罗兹：《达尔克罗兹方法——体态律动》，谢呈译，文化艺术出版社，2021年，第3页。

提高教学质量和效果。在实际教学中，教学法的选择和应用需要综合考虑教学目标和教学内容、课堂类型和班级规模等多种因素，并根据实际情况进行灵活运用。

（一）教学目标和教学内容

教学目标指引着教学的方向和重点，也为教学内容的确立和设置提供了依据和遵循。美育教学中，教学法的选择和应用须根据教学目标与教学内容来进行。[1]

如果教学目标是培养学生的审美能力、提高学生的艺术鉴赏力，教学内容多以理论讲解、欣赏导论为主，那么教学法的选择应该注重引导学生欣赏和理解艺术作品。例如，在艺术史论类与鉴赏类课程中，仍需选择注重讲解、演示的教学方法，通过知识传授为学生筑牢理论根基、建立知识架构，在此基础上结合探究式教学法，通过问题导向教学法、案例教学法、混合式教学法等方法的应用，鼓励学生自主思考、深入探索，鼓励学生发挥能动性与创新能力。

如果教学目标是提高学生的艺术实践能力，教学内容则通常需围绕实践技能的学习与练习展开。教师要灵活运用体验式教学法、情境式教学法、互动式教学法等多种教学方法开展实践训练，辅以对学生的作品进行点评指导，提出改进意见和建议，为学生创设实践练习与展示的良好环境，重视和学生之间的互动与反馈。

（二）课堂类型和班级规模

教学法的选择与应用还需要考虑到课堂类型与班级规模，根

---

[1] 参见陈卓《现代高校教师教学能力提升策略研究》，中国纺织出版社，2022年，第71—72页。

据学生人数、学生的艺术基础等因素更好地适应学生需求。这里，我们将课堂划分为大班（100人及以上）、中班（30～99人）、小班（30人以下）。

在艺术通识课程中，大班通常以赏析课、导赏课、史论课为主。由于选课人数多，需要考虑到学生的整体水平，教学内容通常更为基础、全面，因此在教学中更适用讲授式和演示教学法，注重学科理论知识的引导和传授。由于学生基础和水平各异，可结合混合式教学法，让学生根据自身知识掌握情况，通过MOOC等在线学习平台对相关内容的讲座、书籍资料与音视频资料等进行学习，与课上所学内容互为补充。教师还可以选择不受大班额影响的案例教学法，依靠讲授和分析启发学生思考。

中班人数适中，可选择更以学生为中心的教学法展开教学，通过案例或项目式教学法对分课堂教学模式[1]等，鼓励学生就所学内容如艺术作品、艺术家风格等展开讨论研究，延伸课堂教学。教师也可以使用体验式教学法或情境式教学法，综合多种手

---

[1] 对分课堂教学模式是一种近年来受到广泛关注的创新教学模式。这一模式最初由复旦大学的张学新教授在2014年提出，简称为"PAD Class"。对分课堂教学模式将教学时间分为三个阶段：教师的讲授（presentation）、学生的内化与吸收（assimilation）、课堂讨论（discussion）。其核心理念是将课堂时间均等地分配给教师讲授和学生讨论，并将两者时间错开，以便学生能在课后拥有一周时间自主学习，进行个性化的内化和吸收。（出自张学新《对分课堂：大学课堂教学改革的新探索》，《复旦教育论坛》，2014年9月）。

对分课堂教学模式将传统的讲授式教学与现代的互动式教学相结合，通过时间上的分配和教学内容上的创新，实现教学过程的优化和学生学习效果的提升。目前其已被广泛应用于大学英语、课程思政、大学物理、化学、体育及信息科技等课程中，并在实践中得到了充分的验证。这种教学模式不仅在理论上具有创新性，而且在高校美育课程中展现出了其重要的应用价值和实践意义。详细内容，可以进一步阅读张学新教授的著作《对分课堂：中国教育的新智慧》，该书由科学出版社在2016年出版。

段为学生创设艺术情境，增强课堂的艺术感染力。

　　小班课堂多为实践类课程。由于课堂人数较少，在小班环境中，各项活动易于组织与调控，教师对学生的了解程度也较深，有足够的时间与空间展开师生之间、生生之间的互动。在小班课堂中，教师可以更加自如地结合体验式教学法、多模态教学法、互动式教学法等方法，借鉴艺术专业教育中的具体教学方法，给学生提供充分的体验和实践经历，对学生的实践过程和作品给予指导，帮助学生提高艺术素养和技能。

　　总之，新时代的美育课程与教学建设需要美育教师因课制宜选择合适的教学方法，重视学生在教学过程中的主体作用，提高学生的积极性和参与度，帮助学生在美育课程中提高审美素养和感性能力，发展创造力和想象力，使其成长为国家和社会需要的全面人才。

第三节　高校美育课程教学设计与实施

　　教学法的选择对完成教学内容、实现教学目标至关重要。除此之外，教师还需要在课前进行更为具体的教学设计，完成教案和讲稿撰写，从而切实保证教学效果和教学质量。

一、教案的设计

教案是对教学工作的预先设计,体现了课程教学目标、教学内容及教学手段之间的关系,是教师教学思想的集中体现。教案通常包括以下几个关键因素。

1. 确定教学目标:明确希望学生通过具体学习应实现的具体目标,一般这些目标应与课程大纲和学生的学习需求相符。教学目标的设定不仅应具有整体性,实现基于学科核心素养的教学目标的全面发展,还应具有阶段性,根据阶段特点确定学科核心素养的水平层级,并根据教学实际情况及时对教学目标进行调整。

2. 分析学生情况:分析学生情况是指通过与学生座谈、问卷调查等方法,了解学生的前置知识经验、态度及动机等。其作用在于确保教学目标能精准定位、教学重难点的合理预设及教学评估方式与教学流程设计的科学匹配。分析学情应贯穿教学的全过程。

3. 设计教学内容:教学内容应结合教学目标、分析学情,选择适合的教材和教学资源,组织教学内容,确保其结构合理、条理清晰,循序渐进地引导学生学习。教学内容还应包括教学重点、教学难点和应对措施,以及教学创新点。

4. 安排教学流程:包括制定教学步骤、明确教学活动、备置教学资源三部分。

(1) 制定教学步骤:根据教学内容的特点和学生的学习进程,设计具体的教学步骤。其包括引入、展示、讲解、实践、巩固和拓展等环节，确保每个环节的顺序和关联性。

（2）明确教学活动：针对每个教学步骤，设计相应的教学活动，如小组讨论、小组合作、试验、练习、提问、反馈等，以激发学生的兴趣，提高学习效果。

（3）备置教学资源：准备所需的教学资源，如课件、教具、实验器材、辅助设备等，确保教学的顺利进行。

5. 设计评估方式：确定对学生学习效果进行评估的方式和考核指标，如课堂表现、平时作业、期末测验、项目完成等，并将评估与教学目标相对应，以检验学生最终达到的学习水平和能力。

6. 编写教学反思：在教案的最后，教师要留有反思环节，用于对本次教学的总结和评价，并为今后的教学改进提供经验。

二、课程讲稿设计

（一）什么是讲稿

讲稿是教师在课堂上使用的讲课底稿，是对全部讲授内容的具体组织和表达。讲稿能丰富和内化教案中的具体要求，是实现教学设计的实质内容和书面台词。讲稿作为讲课内容的文字描述应尽可能详细、全面。

在教学中，仍有部分教师不太明晰教案与讲稿之间的关系。必须明确的是，教案不是讲稿，讲稿也并不是教案。教案是课程设计思路，处于主导地位；讲稿是课堂实际操作的内容，处于从属地位。教案准备得越充分、越清晰，讲稿就能越具体、越紧扣教案的教学目标，也能更加突出教学重点和教学难点、契合学生的前置知识和能力背景。

（二）讲稿撰写的基本原则

讲稿撰写的基本原则包括以下几个方面：

1. 研究教材、捋顺逻辑。撰写讲稿要求教师研究教材，为我所用。如教师都无法把握、吃透教材，教给学生的知识就会半生不熟、歧义丛生。

2. 执行教案、聚焦要点。讲稿的撰写，一定要围绕教案展开，特别是要围绕教案中确定的要点。这里所说的要点并非教案中的大小标题，而是指应该从哪些方面把教学内容讲得更全面、深刻；过程中如何承上启下，运用哪些生动、具体的案例来启发、引导学生；还包括教案中预设的思考题和作业。

3. 把握"三点"、讲授"三基"。这里的"三点"是教案中的重点、难点及热点，"三基"是指基本知识、基本概念和基本原理。把握"三点"就是要根据教学实际合理安排时间：比如重难点重合，应该多花时间；有些问题虽然是难点，但并不是重点和热点问题，就可以少用时间。讲授"三基"是指教师一定要把教材中的相关知识、概念、原理吃透、弄清楚，深入浅出地讲给学生。[1]

4. 控制时间、生动有趣。讲稿作为文字稿，切忌随意膨胀或收缩，太长或太短都不能完成教学任务。在一般情况下，讲课的语速为每秒钟4～6个字，除去板书和师生互动的时间，可以

---

[1] 参见张宝池《大学教师教学基础》，河北教育出版社，2009年，第66—69页。

预估出讲稿的字数。在具体的表述中，通过引用名人名言、讲述小故事、把正误事实进行对比等方法使讲稿生动有趣、有理有据，避免空话、套话。

（三）讲稿撰写的方法

讲稿是备课的主体工程，也是教学中的核心内容。撰写讲稿要求教师具有较高的综合素质，包括较高的政治理论水平和师德修养、丰富的专业知识和较强的写作能力等。除此之外，掌握一些撰写讲稿的基本知识和常识亦十分必要。

讲稿是为讲课服务的，课堂教学尤其是大学课堂教学，一般使用更科学、更有效的演绎法。使用演绎法有利于教学设计，因为教材中的章节标题和所属大小标题都是按照学科知识的内在逻辑设计的。这使使用演绎法讲课更顺畅。同时，使用演绎法讲课有利于学生听课。演绎法可以让学生的思维跟着老师的思路走，这样无疑会取得理想的教学效果。而如果使用归纳法，学生容易学着后头忘了前头，而且会感到很吃力，进而会影响教学效果。

在讲稿撰写中，我们还应该突出一个"讲"字。讲课的关键在于一个"讲"字，即"讲"教材中"所以然"的问题。教材中的内容一般只讲"其然"的问题，而把其"所以然"的问题蕴含其中，这就需要老师去揭示、去讲解。在教学中，学生一般对表面现象有所了解，却也渴望深入理解其本质。例如，他们知道包里有文具，但更关心的是文具的具体种类。教师的任务是引导学生从表面现象深入事物本质，如拉开拉链、逐一展示包中的文具，让学生看到笔、尺子、橡皮等，揭示它们的区别与联系，以帮助学生理解"所以然"

的问题。然而，一些教师仅停留在表面描述，未能深入讲解，导致学生的理解停留在表层。作为教师，应深入分析、解剖问题，引导学生从"知其然"走向"知其所以然"，理解事物的内在逻辑，从而做到真正启发思考，培养能力。这种分析问题、解剖问题的过程就是讲稿的"讲"，且有许多内容可以讲。

三、美育课程实施案例

在高校美育教学方法的研究中，为了使理论与实践相辅相成，本书特别选编了一系列教学案例，旨在为高校美育教师们提供一份丰富而有价值的教学参考，促进美育教学在高校教育中的全面发展与提升。这些案例不是从宏观层面来谈一门完整美育课程的整体教学设计，而是从微观层面切入的45分钟课堂教学实例。无论是音乐、美术、文学，还是戏剧等单一学科方向的课程，或是跨学科、综合性的美育课程，本书均力求通过这些案例，帮助教师们深入了解美育课程教学的规律与特点，为教师们提供多维度、全方位的教学思路。

（一）《大学美育》[1]

1. 案例特色

案例教学法、PBL教学法、情境式教学法、互动教学法，引导学生追求超拔于功利之上的精神境界和人生境界。

---

[1] 本案例为《大学美育》之《意境》章节，由西北工业大学艺术教育中心主任孙瑜老师提供。

2. 案例分析

"意境"是中国美学中的一个重要范畴，也是大学美育课程艺术美教学的重点和难点。本节课例，不仅通过经典艺术案例构建对于"意境"的认知，还要将"意境"延伸拓展至学生的现实审美体验中，塑造"审美人生"的理念，追求超拔于功利之上的精神境界和人生境界。

教学内容重难点突出。本课例以中国古典美学体系中的"审美意象"为核心，通过对艺术作品的深入剖析，着重探讨中国人审美意识的起源、发展和变迁，以此理解中国美学视野下的审美理念，深入体验中国文化与艺术的精髓；理解中国艺术作品呈现的意象世界，提炼、升华中国艺术审美的意境。在潜移默化中，引导学生把美看作人生的终极价值，使"人生的艺术化"的理想成为更深刻的人生价值观。

本课程在强调美育的价值教育和情感教育属性的同时，将"价值塑造、能力培养、知识传授"作为教学的基本出发点。以艺术审美活动的感性特质为基础，依托文学艺术经典案例，努力挖掘和运用蕴含中华美学精神与民族审美特质的美育资源。通过拓宽艺术视野和深化艺术思想观念，培养学生的审美感知力和审美创造力，致力于塑造学生的人文情怀和价值观念，使他们在艺术的熏陶中得到心智的滋养与人格的完善。

精心设计每个教学环节，将美育与日常生活紧密联系。教学设计一定是围绕课程教学目标开展的，并通过教学过程中课前、课中、课后三个教学环节具体实施。课前激励学生自主探究，培养思辨精神；课中引导学生积极思考，加强互动交流，激发学生的学习兴趣；课后留思考题帮助学生巩固对"意境"的理解，举一反三，学会运用理论观照现实生活。

3. 案例示范

请扫描二维码获取案例。

（二）《钢琴教学法》[1]

1. 案例特色

体验式教学法、互动式教学法、用音乐的语言教音乐。

2. 案例分析

音乐教育教学的难点在于其本身是听觉艺术，存在形式抽象，如果教师在音乐赏析及音乐教学实践中不使用音乐自身的语言体系，单纯使用文字语汇去传递审美体验，或者过于注重技巧训练，那么就容易陷入脱离音乐客观实际音响、无法引起学生听觉审美体验共鸣的传统教学窠臼之中。本课程案例旨在分享不同于传统音乐教育的美育教学思路，让音乐艺术可"意会"，亦可"言传"。

（1）秉承"用音乐的语言教音乐"的沉浸式教学理念，围绕声觉艺术开展教学活动，不脱离音乐艺术实际音响。

（2）教师从音乐艺术技能的角度出发，运用艺术语言让学生了解音乐语言的基本概念、掌握音乐语言组成成分并知悉音乐语言的运用及音乐语言在乐曲具体旋律动机中的对应关系。

---

[1] 本案例为《钢琴教学法》之《音乐的语言》章节，由沈阳音乐学院王越老师提供。

（3）真正从听觉经验上培养学生感知音乐艺术的素养和能力，全面提高学生对音乐艺术听觉特性、声觉表现形式的审美体验、感悟及理解能力。从而达到培养学生发展"自主音乐需要"、拓展"音乐实践能力"、增强"音乐情感体验"、加深"音乐文化理解"的综合音乐核心素养。

3. 案例示范

请扫描二维码获取案例。

（三）《戏剧的启示》[1]

1. 案例特色

案例教学法、实践性强、具身认知、注重情感的体验与表达、培养学生批判性思考能力。

2. 案例分析

戏剧编导课是戏剧类美育课程中的重要组成部分。戏剧编导课具有培养学生的创意与创新意识、强调团队合作、注重情感表达与体验、培养批判性思维、重视文化传承与创新、拓宽视野与有利于对文化的理解等特点，为学生的全面发展提供学习平台。

本课程教学目标清晰，讲授角度新颖，注重戏剧艺术在不同历

---

[1] 本案例为《戏剧的启示》之《导演的二度创作》章节，由清华大学艺术教育中心副主任肖薇老师提供。

史阶段的启示意义与探索价值，强调其哲学深度和思辨力量；将戏剧的历史发展与艺术特性放置于宏观的人类文明框架中予以阐述，激发学生从文化与艺术、社会与审美、心灵与启示的角度去理解和反思戏剧的创作与表达，提升学生的艺术修养与人文品格。

课程内容凝练、授课形式创新，强调用戏剧作品的艺术表达、审美价值、社会反思、现实意义等，激发学生自己的思考。课程力求对戏剧艺术的创作思维和美学特性进行系统分析，从人文、社会、民族、地域等多维视角来探索戏剧艺术的价值追求与美学精神，最终形成启示力量。

本课程注重对创造性思维的开发与培养，授课中强调以编导思维激发学生将学习思考转化为创作表达。课程始终贯穿戏剧的编剧、导演和表演的创作思维与实践方式，开展剧本围读等教学活动，以具身学习的方式激活感性思维，鼓励学生探索自己的表达潜质，挖掘学生的戏剧原创能力。

本案例还注重理论与实践的并行、思维文化的比较、价值塑造的贯穿，贯彻德才兼备、知行合一的育人理念，将育人目标与家国情怀、文化传承、民族大义贯彻于整体的课程体系和教学内容中，加强学生对中国文化的自豪感和自信心，将美育与德育相结合，强调学生肩负的责任与使命。

3. 案例示范

请扫描二维码获取案例。

(四)《戏曲鉴赏》[1]

1. 案例特色

BOPPPS 教学模型[2]、混合式教学、中华优秀传统文化。

2. 案例分析

本课例以"以学为中心"和"立德树人"的教学理念为指导,将学生置于教学的核心地位。在教学过程中,教师巧妙地挖掘了戏曲鉴赏课程中的思政资源,并将其科学、有机地融入教学中。此外,授课教师还善于运用现代信息技术、戏曲道具和启发式互动教学方法,为学生创设了丰富多样的教学环境。

本课例的教学设计综合运用了课前、课中和课后连贯呼应的教学方式,以及线上和线下相结合的混合教学模式。课前,教师通过引导学生进行预习并设计思考题,让学生在学习过程中带着问题思考。课堂上,注重师生互动和反馈,通过与学生的互动交流,促进学生的主动参与和思考。课后,安排复习、巩固、提高和拓展的活动,以确保学生掌握所学知识。课程还充分利用线上教学资源和教学平台,使学生能够自主学习和探究,与线下教师授课相互补充,以解决教学内容中的重点和难点问题。

---

[1] 本案例为《戏曲鉴赏》之《戏曲的艺术特征》章节,由西北农林科技大学综合素质教育学院刘威老师提供。

[2] BOPPPS 教学模型最早由加拿大教育学家 Jim Parsons 提出。他在教学实践中总结出了这一教学模型,旨在帮助教师设计和实施更有效的教学活动,提升学生的学习效果。该模型强调了学生参与、课前评估和课后反馈等关键环节,成为一种被广泛应用于教育领域的教学设计模型。其名称由单词的首字母组成,分别代表着 bridge(导入)、objective(目标)、pre-assessment(课前评估)、participatory Learning(参与式学习)、post-assessment(课后评估)与 summary(总结)。这一模型的设计理念强调了学生参与和课程评估的重要性,为教师提供了一个具有系统性、全面性的教学框架。

教学实施由导入开启，通过回顾上节课内容启发学生思考，形成问题，进而引出本节课学习、关注的重点，使整个课程内容前后无缝衔接，浑然一体；教学目标非常明确，确定学生通过本节课的学习要实现的知识目标、能力目标和素质目标；课前预习和反馈就是一种课前评估，掌握学生的受训能力、知识背景和学习能力及学生之间的差异；参与式学习是这节课在教学设计上最大的亮点，课程自始至终都有学生的思考、讨论、探究、表演和生成性问题的解决，充分体现了学生的主体地位；课后评估也在本设计中得到突出体现，课后的学习活动、剧评撰写、技能训练和演出是对本节课内容的复习、巩固、提高和拓展；课时总结具有很强的创新性，通过剧目鉴赏、小结和艺术实践三个环节厘清四大艺术特征如何在剧目中呈现。最后，通过一轮的教学实践，从设计理念、教学实施过程进行反思，找出需要进一步改进和完善的地方。

通过"戏曲的艺术特征"一节课的教学设计，我们可以看出教师在教学中充分考虑学生的主体性和个体差异，通过多种教学方法和教学手段，促进学生积极参与和深入思考。这种富有学术性和学理性的教学设计，可以为其他高校美育课程的教学提供有益的借鉴和启示，提高学生的学习效果和美育教学质量。

3. 案例示范

请扫描二维码获取案例。

(五)《大学美育》[1]

1. 案例特色

混合式教学法、文学教育的美育属性。

2. 案例分析

文学教育作为一种美育教育,是指通过对文学作品的阅读和欣赏,培养人们的审美情趣和文化素养,提高人们的人文精神和道德水平。习近平总书记强调,要全面加强和改进学校美育,坚持以美育人、以文化人,提高学生审美和人文素养。庄子哲学作为中国传统文化的重要组成部分,具有深远的影响力和独特的审美思维方式。

本案例向学生展示了中国古代的文化瑰宝,并且帮助他们在全球化的背景下加深对中国传统文化的理解和认同。这样的教学内容具有重要的意义,不仅有助于培养学生的审美能力和文化素养,还能够加强他们的文化自信心和认同感。

首先,该教学设计紧紧围绕立德树人、以文化人、以美育人的素质教育育人理念,挖掘中华优秀传统文学作品《庄子》中的美育智慧,弘扬中华优秀传统文化,古为今用,给大学生的人生提供精神营养与人生指引。课程思政教育贯穿始终,达到塑造学生人格、提升学生人生境界的育人目的。因此,本次课程设计了大量的案例和思考题,并使用"雨课堂"等技术手段意图实现与

---

[1] 本案例为《大学美育》之《〈庄子〉智慧与美丽人生》章节,由河南财经政法大学素质教育中心张欣杰老师提供。

学生实时互动，在以当代视角挖掘《庄子》生命美育内涵的同时，不断对学生已有的知识结构进行重构，引导学生建立新的价值境界与正确的人生追求。

其次，该教学设计处处体现金课理念。在高阶性的导向下，对案例的选择和讲解突出掌握知识、提高能力和培养情怀的逐级提升，体现了知识、能力和素养的有机综合。在创新性的导向下，课程内容以最新理论为出发点，以现实生活为落脚点，力求对学生的生活实践起到高屋建瓴的指导作用；课程评价体现差异性和个性化，力求打造以学生为主体的课堂。在挑战度的导向下，混合式翻转课堂的教学设计，涵盖了线上线下、课内课外等多个层面。通过课前课后的系统组织，实现了预习复习、实践教学、小组合作、课后拓展等多维立体教学空间的建构。

最后，该教学设计十分注重细节。通过设计教师如何讲与学生如何学，突出教、学互为主体；通过设计每一个课堂元素的教学意图和预期效果，做到"无一字无来处"；通过对各项环节教学时间的设计和把控来调整教学节奏，以打造前后呼应、主次分明的课堂。

3. 案例示范

请扫描二维码获取案例。

四、结语

以上案例所呈现的不仅是课程设计的理论层面，还是教学实践的具体操作。从课程观和教学法理论的引导到课程实践的具体指导，案例涵盖了丰富的教学策略与方法，为教师们在课堂教学中提供了多样化的选择空间。对案例的研究与实践或许能为高校美育教师们提供一扇通向教学创新与提升的窗口，以便教师们能够更好地将理论知识转化为实际教学中的有效策略，从而使学生在美育课程中获得更为丰富、深入的学习体验，切实提升高校美育课程教学质量。

第四章 高校美育教材分析

教材是为实现一定的教育目标和培养目标，依据学科课程标准编制的、系统反映学科内容的教学用书。教材不是普通的学习材料或资源，而是法定知识的载体，是通过"对教学的内容、方式及其达成的目标进行硬性规范，让师生接受预设的、权威化的学科知识"[1]。

高校美育教材是高校美育活动的重要载体，对提高青年学生审美与人文素养、促进青年学生身心全面和谐发展具有重要影响。教材作为新时代立德树人、培根铸魂的重要载体，是一项国家事权。对高校美育教材展开深入研究，有助于积极推动新时代高校美育教材建设，加快高校美育改革，实现高校美育高质量发展。

---

[1] 陈柏华、高凌飚:《教材观研究：类型、特点及前瞻》,《全球教育展望》2010年第6期。

第一节 高校美育教材研究的背景与意义

近年来,高校美育前所未有地受到重视,随着教育部《关于切实加强新时代高等学校美育工作的意见》、教育部办公厅《高等学校公共艺术课程指导纲要》等文件的印发,针对高校美育的研究也相继推进。

一、高校美育教材研究的政策引领

2015年9月,国务院办公厅印发的《关于全面加强和改进学校美育工作的意见》中提出要"构建科学的美育课程体系",强调"学校美育课程建设要以艺术课程为主体"。2022年11月,教育部办公厅印发的《高等学校公共艺术课程指导纲要》中明确提出,"公共艺术课程是我国高等教育课程体系的重要组成部分,是学校艺术教育工作的中心环节,是实施美育的主要途径"。2019年3月,教育部《关于切实加强新时代高等学校美育工作的意见》中指出,高校美育工作要"深化美育教学改革","提高面向全体大学生的美育教育质量","重点研究高校美育的课程和教材体系、教学规律和模式、考核评价标准、教师队伍建设等"。由此可知,高校美育课程与教学改革是高校美育工作及研究领域的一大热点。而教材作为知识传递的重要载体,与课程是相得益彰的关系,教材是学科知识的物化形态,没有教材就没有课程,教材促进了课程的形成与发展。教育教学质量,课程的目标、理念、内容、方法、评价等都在一定程度上通过教材呈现，因此教材研究成为当下高校美育研究的重点问题之一。

2020年10月，中共中央办公厅、国务院办公厅联合印发的《关于全面加强和改进新时代学校美育工作的意见》中新增了"加强教材体系建设"，强调高校要"落实美育教材建设主体责任，做好教材研究、编写、使用等工作"。可见，在国家美育顶层设计层面，美育教材建设已成为重要部分。文件同时指出"编写教材要坚持马克思主义指导地位，扎根中国、融通中外，体现国家和民族基本价值观，格调高雅，凸显中华美育精神，充分体现思想性、民族性、创新性、实践性"，这对教材建设的内涵提出了指导性原则与要求。

二、高校美育教材的内涵与体系

高校美育教材是高校人才培养过程中不可或缺的资源。对高校美育教材内涵与体系的探讨，有助于深化对高校美育教材的认识，引领高校美育教材建设高质量发展，进而更好地发挥教材的育人功能，完善高校美育体系。

（一）高校美育教材的内涵

美育是人格教育、情感教育和艺术教育。高校美育教材应利用审美活动本身所具有的感染人、陶冶人的特点塑造美好心灵，使人和谐、均衡、健康发展。高校美育教材应以习近平新时代中国特色社会主义思想为指导，全面贯彻党的教育方针，坚持社会主义办学方向，以立德树人为根本，以社会主义核心价值观为引领，以提高学生审美和人文素养为目标，弘扬中华美育精神，以美育人、以美化人、以美培元。坚持马克思主义指导地位，扎根中国、融通中外，体现国家和民族基本价值观，格调高雅，凸显中华美育精神，充分体现思想性、民族性、创新性、实践性。

教育部《关于切实加强新时代高等学校美育工作的意见》中提出要"完善课程教学、实践活动、校园文化、艺术展演'四位一体'的普及艺术教育推进机制"。从中可以看出，高校美育工作不只是美育或公共艺术课程教学，还包括实践活动、校园文化、艺术展演等方面，是一个"四位一体"的有机整体。因此，高校美育教材研究除考虑课程教学外，还需注重与其他三个方面的互通融合。

（二）高校美育教材的体系

教育部《关于切实加强新时代高等学校美育工作的意见》中明确提出，"高校美育要以艺术教育的改革发展为重点，紧紧围绕高校普及艺术教育、专业艺术教育和艺术师范教育三个重点领域，大力加强和改进美育教育教学"。这表明高校美育是以艺术教育为核心，紧紧围绕高校普及艺术教育、专业艺术教育和艺术师范教育三个重点领域而开展的教育。因此，高校美育教材主要指高校艺术教育教材，具体可分为高校公共艺术教材、高校专业艺术教材和高校艺术师范教材。

高校公共艺术教材是高等学校面向全体学生开展普及艺术教育所使用的教学用书和材料。2015年9月，国务院办公厅印发的《关于全面加强和改进学校美育工作的意见》中提出,"要在开设以艺术鉴赏为主的限定性选修课程基础上,开设艺术实践类、艺术史论类、艺术批评类等方面的任意性选修课程"。2020年10月,中共中央办公厅、国务院办公厅联合印发的《关于全面加强和改进新时代学校美育工作的意见》中提出要"探索形成以美学和艺术史论类、艺术鉴赏类、艺术实践类为主体的高校公共艺术课程教材体系"。教育部办公厅印发的《高等学校公共艺术课程指导纲要》中也明确了公共艺术课程的三类课程,即美学和艺术史论类、艺术鉴赏和评论类、艺术体验和实践类。由此可知,高校美育公共艺术课程教材体系可分为美学和艺术史论类、艺术鉴赏和评论类、艺术体验和实践类三种类型。其中,美学和艺术史论类教材包括艺术导论、美学概论、中西方美术史、中西方音乐史、文艺理论等课程所使用的教学用书和材料;艺术鉴赏和评论类教材包括音乐、美术、影视、戏剧戏曲、舞蹈、书法、设计等课程所使用的教学用书和材料;艺术体验和实践类教材包括艺术相关学科的体验和实践活动类课程所使用的教学用书和材料。高校公共艺术教材是高等学校以美育人、以美化人、以美培元的重要载体,其目的在于让所有在校大学生都享有接受美育的机会,促进全体大学生审美和人文素养的提升、创新精神和创造能力的发展、健全人格和美好心灵的塑造。

高校专业艺术教材是高等学校艺术学科进行艺术专业教学时所使用的教学用书和材料,涉及艺术学理论类、音乐与舞蹈学类、戏剧与影视学类、美术学类、设计学类等专业。高校专业艺术教材是高等学校培养卓越拔尖的艺术人才的主要资源,旨在造就文化底蕴丰厚、素质全面、专业扎实的艺术专门人才。

高校艺术师范教材是高等学校所开设的音乐教育、美术教育、舞蹈教育、戏剧教育、戏曲教育、影视教育等相关艺术类师范专业在教学时所使用的教学用书和材料。高校艺术师范教材具备师范教育的特质，主要用于培养教育情怀深厚、专业基础扎实、勇于创新教学、善于综合育人和具有终身学习及发展能力的高素质、专业化、创新型中小学艺术教师。

三、高校美育教材的功能与价值

教材是教育的核心元素。高校美育教材是高等学校以美育人、以美化人、以美培元的重要载体，对与美育相关的知识传承与拓展、课程建设与发展、教学完善与优化等起着举足轻重的作用。

（一）促进美育知识的传播与拓展

高校美育教材的知识属性赋予了其传播和拓展美育知识的本体价值。

第一，高校美育教材既包括与美育相关的核心概念和主要理论，又包括美育研究的基本程序和思维方式，是美育相关知识的直接载体。从高校美育教材的内容体系来看，其汇集了人类发展史上的文艺精品和美育研究史上的思想精华，不仅涉及音乐、美术、戏剧、舞蹈、影视、书法、篆刻等多种艺术表现形式的相关概念、原理和相互关系，而且囊括帮助学生善于发现、充分感受、正确理解和勇于创造现实美与艺术美的美学知识和技能，同时蕴含着自古以来中西方以美育人、以文化人的人文教育的原理和方法，能够在最大限度上直观且全面地展示美育知识体系。

第二，高校美育教材是传递审美相关知识的有力工具，担负着传播审美的基础性知识和运用性知识的重大使命。一方面，高校美育教材根据高校美育目标编选具有一定深度和广度的与审美相关的基本知识，如美学原理、美育原理、艺术史论、艺术鉴赏等，从而传递美育知识体系的基本结构和基础性知识。另一方面，高校美育教材是根据高校美育任务组织的教学素材，除了包括理论性知识，还有与美育实践活动密切联系的实践性指导，如艺术欣赏策略、艺术创作技巧、审美教育方法等，从而传递解决实际美育问题的运用性知识。

第三，高校美育教材是拓展审美相关知识的关键抓手，能够为美学视野的拓宽和艺术思维的延伸提供平台和素材。高校美育教材既呈现人文艺术的经典知识，为学生提供知识与技能、过程与方法、情感态度与价值观等方面最基本的美育滋养，又注重审美相关知识的生成性和建构性，通过链接现实世界中真实、复杂的文化现象，给予学生自主探究、独立思考和批判质疑的空间，有助于学生建构更深层次和更多样化的审美相关知识。

（二）助推高校美育课程的建设与发展

高校美育教材建设是高校美育课程建设的重要内容。高校美育课程建设离不开对高校美育的目标、内容、进程和评价等的科学设计和系统编排，高校美育教材是这一系列设计与编排过程的可视化产物,深刻影响着高校美育课程的规划和研制。重视教材研究和教材建设,审慎编选和合理建构高校美育教材,是高校美育课程建设的必要环节,可以为高校美育课程建设提供"最高权威的信息源"[1]。

高校美育教材是保障高校美育课程实施的关键因素。高校美育课程在引领大学生树立正确的审美观念、陶冶高尚的道德情操、塑造美好的人格心灵等方面具有不可替代的作用。为发挥高校美育课程的作用,必须科学且清晰地阐释美育课程"树立什么审美观念""陶冶什么道德情操""塑造什么人格心灵""怎样树立审美观念""怎样陶冶道德情操""怎样塑造人格心灵",从而将理想的课程转化为实践的课程。高校美育教材承载着与审美相关的知识精华,内含着审美教育的经验传统,是高校美育课程育人育才的重要依托,也是确保高校美育课程落地实施的有效纽带。

高校美育教材是推动高校美育课程发展的强大支柱。当前,为发展优质审美教育,高校的首要任务是根据不同专业人才培养特点和专业能力素质要求,结合自身优势和跨学科特点,针对学生美育的实际需要,确定高校美育"教什么"和"用什么教"。这实际上是鼓励高校在领会国家美育政策、整合学校美育资源、洞察学生审美期盼的基础之上,参与美育教材建设工作,切实完善高校美育教材体系。在这一过程中,高校美育教材作为高校美育课程最基础、最广泛、最具象的载体,能够带动高校美育课程

---

[1] 卜正学:《课程与教材关系浅析》,《求实》2008年增刊第1期。

内容及结构的动态生成和重构，推动高校美育课程体系的内涵式变革，最终实现高校美育课程的创新发展。

（三）提升高校美育教学的质量和效益

高校美育教材作为高校美育教学文本系统，与高校美育教学形成了紧密联系。高校美育教材的编审、选用和评价都是基于对高校美育教学的深刻认知和充分理解，与此同时，高校美育教材又是高校开展美育教学活动的必备要素，对于提升高校美育教学的质量和效益具有重要价值。

第一，高校美育教材是指导高校美育教师教学的主要依据。基于教学、为了教学并指向教学，是教材与生俱来的属性。[1]其价值表现为以下两点：其一，教材的内容及其分量、顺序、难度等是由美育领域的专家精心设计的，更加符合高校美育的教学目标和学生的认知发展水平，有助于高校美育教师科学、合理地选择教学内容、制订教学计划和安排教学进度；其二，教材中的专业术语、定义及美育活动范例等，为高校美育教师开展教学活动提供了重要参照和借鉴，有助于规范高校美育教师的教学语言、表述方式和示范性操作。

第二，高校美育教材是辅助高校学生进行审美学习的基本素材。首先，高校美育教材为高校学生提供了必要的美育学习资源，尤其是与艺术相关的事实资源、情境资源、活动资源和评价

---

[1] 张增田：《超越经验与常识：教科书的教学性再认识》，《课程·教材·教法》2020年第1期。

资源等，能够帮助学生获得潜移默化的艺术熏陶，提升审美和人文素养。其次，高校美育教材具有激发高校学生审美学习内生动力的作用，能够通过展示美的现象和创设真实的审美情境，使学生产生强烈的好奇心和求知欲，激发学生的学习兴趣。最后，高校美育教材具有适当的学习指导功能，教材提供的活动和设置的问题直接指向高校学生将要学习的知识理念和艺术技法等，能够引导学生通过教材进行超过个体现有知识和能力水平的审美学习。

第三，高校美育教材是优化高校以美育人实践的重要支撑。高校美育教材建设应以打造具有"思想性、民族性、创新性、实践性"的美育教材体系为目标。我国高校美育教材类型不断丰富、内容不断充实，逐渐摆脱理论与实践脱节的困境，更加适应高等学校以美育人的需要。高质量教材是高质量教学的基础。以高质量的高校美育教材为支撑，高校能够明晰美育的特点和结构，明确美育教学的基本内容和重难点，并获取适用于不同教学对象和教学条件的多元化教学方法，从而优化高校以美育人的实践，提升高校以美育人的效果。

第二节 高校美育课程教材使用现状分析

一、美学与艺术史论类课程教材使用分析

通过在爱课程、中国大学 MOOC、学堂在线、智慧树网等线上课程平台上搜索,取样上线的美学与艺术史论类课程 54 门。在取样的 54 门美学与艺术史论类课程中,分别对选用教材的课程、选用教材的出版社、选用教材的出版时间、自编教材、国家规划教材、省级规划教材展开了数据统计。

在取样的 54 门课程中,有选用教材的课程占 37.5%。由统计数据可知,高等教育出版社出版的教材选用频次最高,其次是北京大学出版社。选用教材的出版时间分布在 2001—2022 年,其中在近五年出版的教材有 13 部,占 52%。在有选用教材的课程中,选用自编教材的课程占 69.5%。而在选用自编教材的课程中,90% 的课程是国家精品课程。在国家精品课程选用的教材中,国家规划教材占 31.3%,省级规划教材占 6.3%。

从美学与艺术史论类课程选用的教材上看,有些课程选用了不同版本的教材,有些课程选用了 1~20 种数量不等的参考教材,而有些课程没有选用教材,甚至没有选用参考教材。

二、艺术鉴赏与评论类课程教材使用分析

通过在爱课程、中国大学 MOOC、学堂在线、智慧树网等线上课程平台上搜索,取样上线的艺术鉴赏与评论类课程

185门。在取样的185门艺术鉴赏与评论类课程中,分别对选用教材的课程、选用教材的出版社、选用教材的出版时间、自编教材、国家规划教材、省级规划教材展开了数据统计。

在取样的185门课程中,有选用教材的课程占32%。选用教材的出版时间分布在1981—2023年,其中在近五年出版的教材占20%。在有选用教材的课程中,选用自编教材的课程占74%,选用国家规划教材的课程占16%,选用省级规划教材的课程占7%。在国家精品课程选用的教材中,国家规划教材占20%。

三、艺术体验与实践类课程教材使用分析

通过在爱课程、中国大学MOOC、学堂在线、智慧树网等线上课程平台上搜索,取样上线的艺术体验与实践类课程116门。在取样的116门艺术体验与实践类课程中,分别对选用教材的课程、选用教材的出版社、选用教材的出版时间、自编教材、国家规划教材、省级规划教材展开了数据统计。

在取样的116门课程中,有选用教材的课程占34%。选用教材的出版时间分布在2001—2022年,其中在近五年出版的教材占18%。在有选用教材的课程中,选用自编教材的课程占71%,选用国家规划教材的课程占19%,选用省级规划教材的课程占3.4%。在国家精品课程选用的教材中,国家规划教材占31%,自编教材占63%。

四、高校美育课程教材使用现状分析

从现有数据来看,在选用教材方面,目前三类课程中有选用

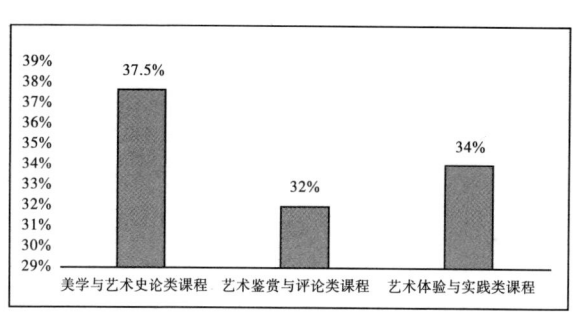

图 4-1 有选用教材的课程的占比

教材的课程的占比均低于 40%（如图 4-1 所示）。艺术鉴赏与评论类课程和艺术体验与实践类课程普遍存在没有选用教材的现象。

（一）出版机构

从分布情况来看，美学与艺术史论类课程选用教材为国家一级出版社出版的教材占 60%，艺术鉴赏与评论类课程选用教材为国家一级出版社出版的教材占 59%，艺术体验与实践类课程选用教材为国家一级出版社出版的教材占 44%。在出版机构中，高等教育出版社出现的频率高。由此可见，国家一级出版社出版的教材获得了更多的肯定，尤其是高等教育出版社出版的教材获得了更多的青睐。

（二）教材出版时间

从选用近五年出版的教材的占比情况看（如图 4-2 所示），美学与艺术史论类课程占 52%，艺术鉴赏与评论类课程占 20%，艺术体验与实践类课程占 18%。美学与艺术史论类课程使用近

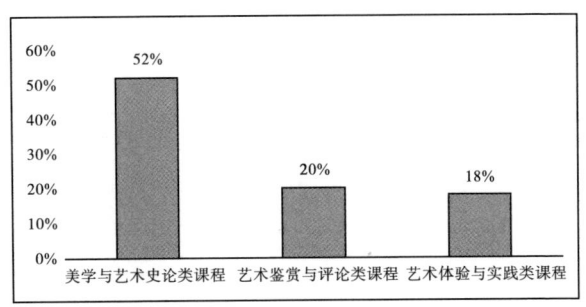

图 4-2 选用近五年出版的教材的占比

五年出版的教材所占比例最大,说明美学与艺术史论类课程选用的教材紧跟时代步伐。艺术鉴赏与评论类课程和艺术体验与实践类课程选用近五年出版的教材占比较小,说明这两类课程选用的教材出版年代较远,教材推陈出新的速度较慢。

2014 年 10 月 15 日,习近平总书记在主持召开文艺工作座谈会时强调,"文艺在培育和弘扬社会主义核心价值观方面具有独特作用",要"通过教育引导、舆论宣传、文化熏陶、实践养成、制度保障等,使社会主义核心价值观内化为人们的精神追求、外化为人们的自觉行动"。高校美育课程教材应该及时融入党中央提出的一系列治国理政的新理念、新思想和新战略,使教材更具有时代性。[1] 而目前采用的多数教材出版于 2019 年之前,对新思想、新理念和新战略的体现远远不够。

---

[1] 赵思童:《高校公共艺术课程教材编撰刍议》,《中国出版》2017 年第 14 期。

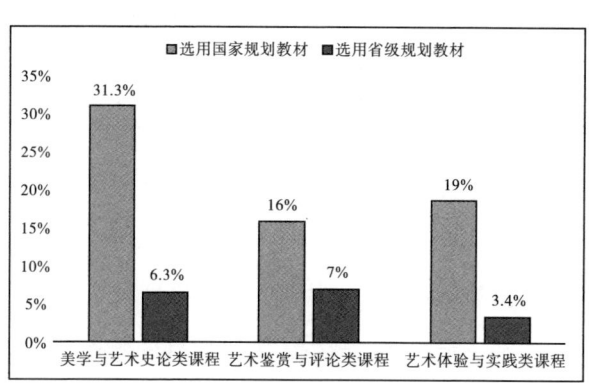

图 4-3 选用规划教材的占比

（三）规划教材

从数据统计来看（如图 4-3 所示），三类课程选用国家规划教材的占比均远超选用省级规划教材的占比；美学与艺术史论类课程选用国家规划教材的占比比其他两类课程选用国家规划教材的占比都高，达到 31.3%。

纵观国家规划教材，其具有以下特点：（1）国家规划教材的思想政治导向更加鲜明。国家规划教材更能体现国家对人才培养的基本要求和规格。国家规划教材注重体现习近平新时代中国特色社会主义思想，灵活展现中华优秀传统文化、革命文化和社会主义先进文化，潜移默化地把思政教育融入知识讲解之中。（2）国家规划教材的呈现形式更加灵活，趣味性更强。采用案例式、情境式等多样化的编排方式，图文并茂，使理论知识通俗易懂，阅读的趣味性增强。同时，其在编写原则上更加符合学生的认知特点，更容易调动学生学习的积极性。（3）国家规划教材的新形态样式多元，并且有丰富的配套数字资源。随着信息技术的不断发展，传统教材从纸质向多媒体和互联网交互的立体教材延伸。国家规划教材的配套数字资源更加多元丰富，获取方式更加便捷；知识点讲解视频等音像材料的获取途径多元化，从磁带、光盘等途径逐渐扩展到以二维码、网络平台、元宇宙技术（VR、AR、MR）等为支撑的途径；教材内容更加形象直观、新颖活泼，视听效果增强，在一定程度上减少了纸质教材更新慢的弊端。

（四）自编教材

从数据统计来看（如图4-4所示），三类课程选用自编教材的占比均高于50%。在艺术体验与实践类课程中，有选用教材的课程仅占34%，而这其中选用自编教材的课程占71%。由此可见，大量课程选用了授课教师自编的教材。究其原因，可能有以下几点：(1) 我国高校分布在全国各省、自治区、直辖市，由

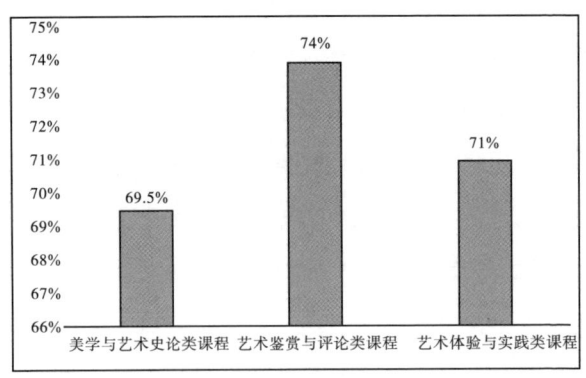

图4-4 选用自编教材的占比

于各地经济、文化等因素的不同，自编教材能够根据教学对象的特点、一线教学的实际需求和课程结构等的具体情况而定；(2) 自编教材能充分发挥教师教学、教研的主观能动性；(3) 自编教材能根据地域文化的差异，结合本校情况而确定编写内容，具有校本特色。根据课程特色和授课对象采取不同的内容和方式进行编排的自编教材，其主要目的是使其结构和内容与学生的身心发展规律相符。但从自编教材的使用情况来看，主要由授课教师在自己的课程上使用，其他课程几乎没有选用。自编教材的适用范围窄，可见其在科学性、整体性等方面均需要加以规范。

从同类美术鉴赏课程的教材使用情况来看，在数量众多的教材中，授课教师选用合适的教材更有利于教学理念的传达和教学效果的实现。在取样的48门线上课程中，27%的课程有选用教材，10%的课程选用了自编教材。选取的教材大多为王贵胜主编的《美术鉴赏》和张道一主编的《美术鉴赏》等。这从一个侧面说明，美术鉴赏课程的现有教材存在一定局限性，因地域、学生群体的不同，教材无法做到较好的覆盖，导致存在不匹配的情况。这既包括教材过于偏重美术专业知识而缺乏美术鉴赏和艺术实践指导等相关内容的问题，又包括内容过于单一化、知识体系陈旧、无法为不同专业和不同教学模式所接受的问题。因此，多数老师选择结合自身教学实践，自编讲义和相应教材。在关注学生身心发展状况的基础上，发挥"美术鉴赏"这门课程的育人价值，不仅仅是传授美术相关知识，更重要的是凸显鉴赏方法的传授及学生鉴赏思维能力的培养。在教材使用方面，现存教材的内容偏重知识传授，缺乏对学生审美能力的培养，教材内容与教学需求有一定距离，不能满足不同专业学生和不同授课方式的需求，不够多元化。

从同类艺科融合课程的教材使用情况来看，多数学校的课程教材选用以"主教材＋教学参考书"模式为主，另有学校的同类课程也较多选用了授课老师的自编教材。对比分析两种教材使用模式，自编教材不仅可以使教学内容与教材章节更加契合，而且可以更有针对性地运用于课堂教学之中，因而在教材的使用和建设方面，授课教师也有意逐步筹备建设课程自身的自编教材。

第三节　高校美育教材的基本特点

一、思想性

中共中央办公厅、国务院办公厅印发的《关于全面加强和改进新时代学校美育工作的意见》中提出，以习近平新时代中国特色社会主义思想为指导，全面贯彻党的教育方针，坚持社会主义办学方向，以立德树人为根本，以社会主义核心价值观为引领，以提高学生审美和人文素养为目标，弘扬中华美育精神，以美育人、以美化人、以美培元。因此，高校美育教学应将实现立德树人作为根本任务，培养学生形成正确的审美观，自觉认同、努力践行社会主义核心价值观。

以"画说美育"课程为例。该课程是中央美术学院开设的美育课程，结合对中国古代传世名画、名曲、名篇和文化遗产的赏析，使学生在对艺术人文之美、文化遗产之美的欣赏品鉴中，提升审美品位，发现生活趣味，认识美育的意义、内涵与方法，理解弘扬中华美育精神、赓续中华美育传统的时代意义。该课程鼓励学生做一个有美的敏锐感知力，有生活的趣味与兴致，有生命的信仰，并且有创新创造的激情与灵感，不惑、不忧、不惧的完整的人。该课程选用《中华美育精神访谈录》为教材，书中汇集了40余位美学家、艺术家和文艺评论家的访谈，从不同侧面讲述了他们对中华美育精神的理解，文笔生动活泼，形式丰富多样。被访谈人就如何理解美育的内涵、如何理解中华美育精神的内涵、如何弘扬中华美育精神、如何做好新时代美育工作等问题，阐述了自己的见解。[1]许多专家在访谈中都提道，美育是一种人格教育。杜卫认为"中国的美育思想最为丰富，而且这种思想在很大程度上就是中国美学最独特的精神传统"[2]。王德胜认为"美育为人们提供生命不断完善的价值导向"[3]。在该课程中，授课教师向学生展示了《中华美育精神访谈录》中专家们关于"美育"的精神内容的见解，让学生了解了美育的精神内核。

---

[1] 王逸菲：《新时代中华美育精神的探索——评〈中华美育精神访谈录〉》，《美育学刊》2020年第1期。
[2] 杜卫：《美育三义》，《文艺研究》2016年第11期。
[3] 《美育如何为人民美好生活赋能——新时代弘扬中华美育精神大家谈》，《光明日报》2019年8月21日第13版。

二、科学性

以人为本，教材的内容设置既能保证全面覆盖知识面，语言准确严谨，同时又符合学生的认知发展规律，循序渐进，激发学生的学习兴趣。

大学美育教材的内容主要包括美育、美学和艺术欣赏三个部分。其中，美育包括美育的性质和意义，大学美育的目标、属性和功能，大学美育的基本任务、原则和途径，美育传统、境界和模型等。如王一川在其主编的《大学美育》中将"大学美育的目标、属性和功能"放在第一章，将"教师角色与美育"放在最后一章。美学包括美的本质问题、美的范畴问题、美感及审美心理、审美活动、审美文化，这部分内容在大学美育教材中的占比和选取的内容差别较大，比如在王德岩、王文革等著的《大学美育讲义》和陈元贵编著的《大学美育》中，美学内容的占比较高。艺术欣赏包括绘画美、书法美、雕塑美、工艺美、摄影美、音乐美、舞蹈美、戏剧美、戏曲美、影视美等，或者为实用艺术、造型艺术、表情艺术、视觉艺术、表演艺术、语言艺术、综合艺术和网络艺术的审美。

关于大学美育教材的体例，多数教材按照美的分类来构成体例的内在逻辑。如王一川主编的《大学美育》在内容编排上，前两部分为"大学美育的目标、属性和功能"，"美育传统、境界和模型"，重在引领大学生实现对"大学美育课"的宏观理论领悟。其余部分可以按美的形态展开审美形态美育，例如第三部分为

"自然美育",包括天然美、风光美和生态美;第四部分为"社会美育",包含人的艺术性与社会性、人体形式美、人格精神美、社会风尚美;第五部分为"科技美育",涵盖科学美、技术美、未知世界之美、产品美;第六至第十一部分均为"艺术美育",具体又分为中国古典型艺术美育、中国现代型艺术美育、外来型艺术美育、艺术门类美育、网络艺术美育、教师角色与美育等。[1] 书中每一章都安排了课后思考题,通过训练拓展学生的学习时空,提高学生的思维能力。又如,黄高才的《大学美育》包括自然美、生活美、艺术美、文字美、辞章美、科技美等章节。此外,有的教材涉及环境美、形式美、人之美、劳动美等;有的教材不仅囊括各艺术门类的具体审美特征,而且包含艺术美学的相关内容。

以"中国传世名画鉴赏"课程为例。该课程是北京师范大学开设的一门国家精品在线开放课程,让学生系统鉴赏中国历代富有代表性的绘画作品,从而达到领略中国画的艺术魅力、传承民族经典、增加美术文化积累、亲近传统文化、树立文化自信的目的。[2] 鉴赏内容以时间为轴,跨度从东晋到近现代。该课程选用的参考资料有北京师范大学出版社 2013 年出版的王贵胜主编的《美术鉴赏》。该教材是为普通高等院校的大学生接受审美教育和素质教育而编撰的,与教育部普通高等学校公共艺术教育模

---

[1] 周粟:《大学美育关乎大学生人格心灵的养成——王一川教授〈大学美育〉评介》,《美育学刊》2022 年第 6 期。
[2] 王鹏澍、王卓凯:《全民美育视角下传统中国画教学与社会传播实践——以慕课"中国传世名画鉴赏"课程设计为例》,《中国美术》2021 年第 6 期。

式相契合。该教材具有以下特点：(1) 该教材将以美育美、以美启真、以美怡情等作为目标，在注重使学习者感到身心愉悦的同时，也注重对其想象力、表现力、沟通能力和交流能力的培养，促进学习者的心理健康发展。(2) 在内容组织上，该教材分为中国画、中国雕塑、中国工艺美术、中国民间美术、欧洲文艺复兴时期的美术及 17—20 世纪西方美术鉴赏等模块。(3) 该教材的体例设置新颖而独特，涉猎面极广，首创将工艺美术和民间美术纳入本科教材之先例。该教材较为适合普通高校公共艺术教育专业的学生使用，有利于提升学生的人文素养，拓宽学生的知识视野。(4) 在知识体系上，该教材汇聚了古今中外众多的优秀美术作品，并分模块进行解析。学习者在欣赏教材中优秀作品的同时，不仅提高了艺术修养和想象能力，还可以更好地感知美术的深层次内涵。

三、实践性

以"艺术的启示"课程为例。该课程是清华大学的通识课程，在引导学生敬仰艺术、热爱艺术的同时，更注重对学生独立思考能力的引导和思辨能力的培养。从阅读、欣赏优秀的艺术作品开始，学生要学会判断、学会分析、学会质疑。从参与、制作自己的艺术作品开始，学生要体会创意、体会创作、体会创新。该课程的授课目标为引导学生敬仰艺术、热爱艺术，从具体的艺术作品出发引导学生学会鉴赏、分析、反思经典艺术作品的魅力；培养学生的思辨能力，通过研讨、论文等环节引导学生针对某一话题进行深入思考并加以表达；在艺术实践方面，培养学生的动手能力，理论与实践相结合，使学生全面沉浸于艺术体验中，并学会从艺术创作中掌握艺术的特性，提高创新性思维能力。该课程的教材主要以授课教师的课件为主，每节课会给学生推荐阅读的书目，实现教学资源多样化。除了要求学生阅读教师推荐的书籍和文献资料，该课程还要求学生广泛地阅览艺术作品，包括绘画、雕塑、影视作品等，目的是借助于艺术的直觉判断特点，激活学生的直觉判断能力。

以"摄影基础"课程为例。该课程是电子科技大学开设的一门国家精品在线开放课程，授课方式为线上线下混合式教学。作为工科院校的一门素质选修课程，该课程以拍摄实践为主要方式，结合基础技术知识讲解，分享摄影的内容及技巧；以趣味、易懂、实用为特色，使学生掌握拍摄要点，提高应用能力，提升美学素养；引导学生体验美、发现美、表达美，用相机有选择地观察和记录生活。

该课程的教学内容分为两部分：一是对摄影技术的讲解。通过课堂学习与拍摄实践，同学们能够认识并掌握基本的摄影技术，根据自身对美的理解，以及对周围世界的观察和思考，运用各种技术手段完成拍摄。二是对影像语言的解读。了解经典摄影作品，从社会、历史和审美的角度进行分析，提高人文素养和审美鉴赏能力。该课程的授课目标为熟悉手中器材，了解照相机的基础知识；欣赏摄影作品，提高审美力和鉴赏力；提高实践能力，拍摄出更好的摄影作品。

该课程选用的主要参考教材为四川美术出版社出版的冉玉杰

的《摄影基础教程》。教材的目标与该课程的授课目标相符。该教材梳理了摄影发展过程中的一些重要环节，阐述了技术与观念的相互影响，明确提出摄影具有本体语言、技术语言和艺术语言三种语言方式；从哲学的意义上把握摄影的深层脉动，用俯视的角度达到删繁就简的目的。同时，该教材归纳了优秀摄影作品的基本特点，并提出了摄影评价的价值体系，以便对不同类型的作品有准确和恰当的评判。该教材阐述了摄影本体语言对摄影作为独立的视觉艺术门类所具有的重要意义，详细介绍了各种技术语言对图片效果的影响，并结合图例对摄影的艺术语言进行了系统的分析。该教材强调联系实际，强调理论对实践的直接指导，强调技术的实用性；对各种拍摄方法与效果之间的关系进行了详细的说明，并且从实用的角度，用深入浅出的语言，分析了对摄影有重大影响的"决定性瞬间"和"区域曝光"理论；结合当前摄影发展的走向，对数码摄影和图片的数字化处理进行了较细致的讲解。从教材使用现状来看，该教材的内容与课程章节的匹配度较高，适合不同发展水平的学生学习。学生对该教材的反馈情况也较好。

  为了更好地完成该课程的教学目标，课程团队加强了教学资源建设，开发了立体教学资源，主要表现为教师自制慕课视频。视频内容既有实景讲解，也有相应的技术知识，涵盖曝光、构图、用光、风景、静物、人像等，使学生能够直观了解不同场景的拍摄要点和注意事项。教师利用网络教学平台、慕课平台，有选择地将符合课程目标的授课视频作为线上内容的补充，提升学生的视觉素养，使学生能够汲取多样化的知识养分。

教师根据教学计划，定期为学生选择合适的阅读材料，例如摄影师访谈、文本、艺术展览作品等，激发学生的学习动力，并对提升他们的实践能力产生积极的影响。在提供阅读材料时要为学生介绍相关背景，以便为课堂讨论作准备。引导学生在学习知识的过程中主动选择知识，培养学生的批判思维和创新能力。同时，该课程的校本教材正在建设中。

四、时代性

借用新媒体互动和分享的特点，实现艺术教材的多媒体出版，通过生动的内容和互动式传播，促进艺术类教材出版的数字化转型。[1]以"自媒体创作与艺术实践"课程为例。该课程是西北工业大学开设的审美与艺术类选修课程，以艺科融合为特色，旨在通过"理论＋实践"的教学方式培养学生的艺术创作能力和媒体素养。该课程选用的教材主要有三本：一本为刘志同的《自媒体兵法：案例＋技巧＋实践》；一本为闫兴亚、刘韬、郑海昊编著的《数字媒体导论》；一本为刘韬、郑海昊编著的《数字影视剪辑艺术与技术》。其中，后两本教材为授课教师自编教材。三本教材突出体现了以下特点：（1）重视跨学科融合，在内容上兼顾了自媒体创作中"技"和"艺"的需求；（2）能有效运用现代信息技术丰富教材形式，扫码即可观看教学视频。从教材使用现状来看，这三本教材的内容与课程章节的匹配度较低。因此，在课程内容构建方面，需要在有限课时内选取更典型、更精华的

---

[1] 赵思童：《高校公共艺术课程教材编撰刍议》，《中国出版》2017年第14期。

内容进行讲授，否则容易造成学生更注重课堂PPT演示和项目任务等相关问题。从教材使用效果来看，该课程所使用的三本教材提供了较为专业的理论知识，为教学内容提供了较为有力的支撑。但也存在以下一些问题：（1）理论与实践内容不均衡。《自媒体兵法：案例＋技巧＋实践》一书理论性相对较强；《数字媒体导论》在介绍自媒体知识内容的基础上能兼顾艺术审美的部分内容；《数字影视剪辑艺术与技术》主要涉及视频剪辑的基础理论与实操案例展示，但总体而言以理论居多，实践方面的内容相对较少，类型不够丰富。因此，在课堂教学方面，需要在兼顾理论的基础上，补齐教材在实践丰富性方面的短板，使学生在实践中切实体会所学理论知识，并通过实践发挥自身的创造力和主观能动性。（2）案例选用有待更新。一些案例与学生的审美偏好、学习生活有一定差距，难以引起学生的共鸣，使得学生对教材研读的兴趣不高，因此在教学环节中需更加注重教学案例使用的相关问题。从教材使用反映出的问题来看，教材选用既要兼顾理论和实践，又要在案例选用上有所更新，还要在此基础上从学习"技术"到感受"艺术"，最终受到美育的浸润和熏陶。而从目前选用的教材来看，理论类教材过于理论化，可读性不高；实践类教材过于注重技术，难有"美育"。如何选用较少的教材精准实现教学目标，成为当务之急。

以"戏剧鉴赏"课程为例。该课程是西北工业大学开设的审美与艺术类选修课程，以戏剧审美为主线，以戏剧文化发展史为底色，以中外优秀戏剧作品鉴赏为主体，从戏剧艺术的鉴赏视角，看世界历史文化的发展进程和时代思潮。从西方到东方，从古希腊戏剧到中国戏曲，引入中西戏剧美学对比，强化中国戏剧在世界文化宝库中具有的独特地位，挖掘中华优秀传统文化的世界价值和当代价值。该课程所选教材为北京大学出版社2017年出版的傅谨主编的《戏剧鉴赏》。该教材以国别为主线，结合时间发展顺序，以点带面地讲述了从古希腊到现当代世界主要国家和地区的戏剧艺术发展概况、代表性戏剧家的戏剧思想和经典作品。但通过采访授课教师了解到，在实际使用该教材时还需进行教学设计和改变。该教材有一部分内容联系了社会生活，但为不同学生提供的审美核心素养空间有限。在实际使用过程中，由于其中一部分学科的专业内容与非专业学生的适配性较低，该教材与学生水平的适应程度为50%，教材预定的教学目标在实际教学中的达成度为60%。采访中，授课教师表示该教材的部分内容在实际使用过程中具有不可操作性，例如大量演出视频需要老师自行搜集购买，且戏剧演出视频因版权问题，购置渠道有限，建议建设适配本校使用的校本教材。

五、特色性

少数教材呈现出民族地方特色，具有院校特色或地域优势的校本美育课程的特点。部分高校的教学对象具有特殊性，因而教材的编写呈现出较强的针对性和实效性。比如，高荆梅、马蕾主编的《大学美育》的教学对象是广大军校学员，所以书中安排了军事美和军人美的章节。何静主编的《大学美育》的教学对象也是广大军校学员，因而教材内容紧密联系军人的审美实践，在阐述美学一般知识的基础上，进一步揭示了军人美感与欣赏、军人美的创造方面的特殊规律，书中还安排了创造军人崇高美、军人与生态文明、技术美学在军事上的应用等内容，并阐述了军人美的崇高本质，以及如何创造军人的崇高美。

以"江南音乐文化之美"课程为例。该课程是苏州大学开设的线上课程，是一门具有地域音乐文化特色，面向苏州大学全体学生及全国范围内的本科生的通识课程。该课程介绍了江南地区最具有代表性的音乐文化，分别为"昆曲——雅致之美""评弹——弦索之美""吴歌——民风之美""古琴——丝桐之美""江南丝竹——吴韵之美""十番锣鼓——盛乐之美"。通过课程的学习，学生掌握了江南音乐文化的基础知识，获得了欣赏音乐艺术的能力，提升了审美素养，在感受音乐之美、生活之美后领悟了中华优秀传统文化的精神。该课程重视资源建设，开发立体教学资源。授课教师利用多年来积累的教学经验和素材，整合相关教学资源，丰富教材内容，使教学环节实现立体化，注重文、音、像的配套建设。

该课程以袁静芳主编的《中国传统音乐概论》为主要参考教材。该教材强调理论与实践相结合，其内容经过适当的选择与调整，适用于普通大学音乐必修课及师范院校的教学。该教材的教学目的可以从宏观和微观两方面进行分析。从宏观上来讲，中国传统音乐文化是东方文化的集中表现之一，有着独特的价值系统和思维方式，是人类文明发展史上的一块瑰宝。学习中国传统音乐文化，有助于增强学生的民族自尊心与自信心，开阔学生的文化视野，帮助学生了解与把握传统音乐文化的精神与特质，加强学生的历史责任感。从微观上来讲，该教材的教学目的在于使学生初步了解中国传统音乐文化的发展梗概，并在感性把握的基础上，对中国传统音乐文化中的主要类别以及各类别中具有代表性的音乐品种、代表性的优秀曲目，从理论上进行一般的总结和概括，掌握其主要艺术风格和特点。在教材内容组织方面，仅从目前国家重点科研项目所收集整理的有关民间歌曲、舞蹈音乐、曲艺音乐、戏曲音乐、民族民间器乐集成工作来看，民间歌曲的歌种有千余种，精选曲目有2万余首；民间舞蹈音乐的品种有近1500种，精选舞曲有8000余首；曲艺音乐的曲种有300余种，精选唱段有3000余首；戏曲音乐的剧种有200余种，精选唱段有6000余首；民族民间器乐除《琴曲集成》（已出版近20部）外，独奏音乐曲目有近千首，民间乐种有近百首，曲目已逾万余首。这是任何国家都无法比拟的一笔丰富的民族音乐文化遗产。[1] 在知识体系方面，该教材对于中国传统文化的类别划分，一方面全面参考了音乐学界的研究成果与观点，另一方面主要考虑到教学课程的有限时间与目的要求，在学术论点上具有大多数学者认可的权威性。为了更好地面向非专业的学生，"江南音乐文化之美"课程加强了教学资源的开发，在教学中大量使用授课团队的采风资料和教学视频来丰富教学资源，为学生提供了立体化的、极具地方民族特色的教学资源。

---

[1] 袁静芳主编：《中国传统音乐概论》，上海音乐出版社，2000年，"绪论"第5—6页。

第四节 美育教材编写指导建议

高校美育教材在高校美育中的关键性作用毋庸置疑。为更好地与高校美育的发展目标相统一、与高校美育的改革步调相一致、与高校人才培养的需求相适应,必须提高对高校美育教材重要性的认识,创新教材建设思路,积极构建新时代高校美育教材体系。

一、美育教材编写的要求

编写美育教材要坚持马克思主义指导地位,扎根中国、融通中外,体现国家和民族基本价值观,格调高雅,凸显中华美育精神,充分体现思想性、民族性、创新性、实践性。根据学生年龄特点和身心成长规律,围绕课程目标,精选教学素材,丰富教学资源。加强大中小学美育教材一体化建设,注重教材纵向衔接,实现主线贯穿、循序渐进。探索形成以美学与艺术史论类、艺术鉴赏类、艺术实践类为主体的高校公共艺术课程教材体系。

(一)以坚持立德树人为根本要求

中共中央办公厅、国务院办公厅联合印发的《关于全面加强和改进新时代学校美育工作的意见》中提出,以习近平新时代中国特色社会主义思想为指导,全面贯彻党的教育方针,坚持社会主义办学方向,以立德树人为根本,以社会主义核心价值观为引领,以提高学生审美和人文素养为目标。由此,美育教材应把坚持正确的政治方向和价值导向放在首位,重视增强学生的文化自信。[1]要重视挖掘和提炼中华优秀传统文化、革命文化、社会主义先进文化中和美育相关的内容,将其编写成适合学生学习、价值导向明确的教材。在编写教材时,既要注重精选教材内容,又要创新教材呈现样式,避免单一化。具体而言,在教材内容的选取上,要选择中华优秀传统文化、革命文化、社会主义先进文化等内容,以社会主义核心价值观为引领,弘扬中华美育精神。这些内容不仅可以在美学与艺术史论类、艺术鉴赏与评论类的教材编写中落实,还可以渗透到艺术体验与实践类教材中,供教师在进行相关艺术实践教学时向学生介绍。通过这些内容引导学生树立正确的历史观、民族观、国家观、文化观,提高审美和人文素养,培养创新精神和实践能力,塑造健全人格。在教材的呈现形式上,创造具体的事例和情境,帮助学生获得情感体验,潜移默化地陶养学生的心灵。

(二)以发展学生素养为核心目标

以培养审美素养为核心,以培育创新能力为重点,着力提升文化理解、审美感知、艺术表现、创意实践等核心素养。在编写美育教材时,在内容、活动、评价、体例等各方面,都要以提高学生的艺术核心素养为依据和目标,必须关注四大核心素养的培养,这样才能更好地促进学生在文化理解、审美感知、艺术表

---

[1] 张淑梅:《围绕育人理念开展高校教材建设》,《教育现代化》2018年第25期。

现、创意实践等方面充分发展。

（三）以弘扬中华优秀传统文化为重要任务

教材内容的选择要突出中华优秀传统文化，引导学生涵养家国情怀，增强文化自信。在美育教材中，可以从实践和理论两个方面来突出和加强中华优秀传统文化的传承和弘扬。在选编具有浓厚民族文化色彩和特征的教材内容时，应尊重我国各民族的文化习俗，并注重强化学生的民族团结意识，铸牢中华民族共同体意识，增强教材的民族地方特色。我国是一个地域广阔的多民族国家，地区差异性和民族文化多样性使地方艺术形式复杂多样，各地各民族都有自己独具特色的艺术形式，为了传承好民族传统文化，各地高校在美育教材建设中要着力打造民族与地方特色。[1]

（四）以构建科学体系为主导思路

教材是帮助学生学习知识，掌握方法，塑造情感、态度和价值观的重要媒介。教材要遵循美育特点，充分发挥美育的育人价值，根据学生的认知特点将知识体系转化成面向学生的学习体系，引导学生进行学习和思考，形成正确的价值观。无论是美学与艺术史论类教材、艺术鉴赏与评论类教材，还是艺术体验与实践类教材，都需要按照课程的要求进行编写和创新。教材的体系结构要清晰，内容编排要合理。要设计灵活丰富的图文版面，在介绍知识、培养能力的同时，还要特别重视为学生提供情感态度

---

[1] 赵思童：《高校公共艺术课程教材编撰刍议》，《中国出版》2017年第14期。

与价值观发展方面的资料。编写体例要规范，图文比例要恰当。要编写出框架结构清晰、内容编排合理的美育教材，应注意以下几个方面的要求：首先，教材的内容编排要具有整体性和逻辑关联性，符合学生的认知规律。其次，在具体内容的呈现上，不仅要注重知识之间、技能之间的关联性，更要注重培养学生的创新精神和实践能力。再次，在呈现形式上，教材版式既要规范，又要新颖有趣，要根据学生的认知特点采用适宜的语言风格。最后，教材的开本、纸张、版式、字号等应符合国家有关标准，便于学生阅读。

（五）以促进学科融合为前瞻布局

美育教材的编写要根据美育课程的特点，引导学生运用多学科的知识与技能解决审美实践问题，培养学生的审美能力，发挥美育的育人作用。针对现有学科专业体系调整升级、瞄准科技前沿和关键领域、加快培养紧缺人才的新态势，推进新工科、新医科、新农科、新文科建设与美育教材优化创新融合。在数字化时代，新兴技术越来越成为国家发展的战略要素，创新正在成为经济发展的新动能。我们需要通过科技创新来促进产业结构升级和经济社会形态变化，这也取决于我们教育形态的及时变革推动。教育部于2019年发布《关于深化本科教育教学改革全面提高人才培养质量的意见》，要求"以新工科、新医科、新农科、新文科建设引领带动高校专业结构调整优化和内涵提升"。人工智能引领科技变革，大数据正在构成新的研究范式，数字技术迭代更新迅速，美育教育要前瞻性地主动作为与布局。新时代美育教材更应注重学科融合与激发科学创新,将学科融合的各种元素融入美育教材建设过程中,共同形成培养"以德为先、能力为重、科学成才、全面发展"人才的合力。

(六)以应用现代技术为创新途径

在智媒时代,教学方式和学生对于知识的获取方式发生了重要转变,如何更有效地利用现代信息技术推动美育教材呈现,将纸媒与数字资源优势互补,更好地将美育课程学习的空间和时间进行延展,对教学质量和教学效果的不断提高具有现实意义。当前,各课程的教材形式以纸质版书目为主,应根据内容需要,开发新形态教材。在编写美育教材时,要注重教材的顶层设计,构建线上和线下的立体化教材,为师生提供多元的数字教学资源,在满足课堂教学需要的同时,更能满足学生自学和实践的需要。教材开发过程中应重视信息技术的应用,注重教材的文、音、像统一的配套建设,提高教材建设的立体化水平,使教材内容和教学环节实现立体化;通过网站、题库、课件等使教、学双方能接触到不同层面、不同形式的内容。运用现代信息技术创新美育教材的呈现形式,比如通过增加二维码等方式,选择优秀的视频资源,设置弹幕类型的交互环节,给学生带来阅读、观看、聆听、交流的场景化、智能化、浸润式体验,以此提升学生的学习兴趣,充分发挥教材的使用效果。在美育教材建设中还可以借助教育信息化技术,构建教育信息化的新型教学模式,促成信息技术与教材的融合。

二、美育教材的编写原则

美育教材编写要以人为本,兼顾教材的理论性与应用性,注重内容的生活性与时代性,体现教材的适教性与宜学性,把握体例的结构性与丰富性,增强教材的人文性与审美性。知识体系应面向对象,强化开放性与现代性。注重教材的知识性、系统性、连续性、实用性和地域分布特点。应当充分考虑非艺术专业学生的接受能力,使教材深入浅出,充分做到有广度、有深度、有难度,学生爱学,学后受益。兼顾不同类别高校、不同专业类型学生的实际情况,吸取现有教材所长,构建知识全面规范、内容详略得当、程度深浅兼顾、图书与电子出版物并举的教材体系。同时在使用中不断吸收各方面的意见,及时加以修订。

(一)以人为本

在编写原则上,体现"以人为本"的先进思想。立足于教学的需要,尊重学生的需求;选择应具备的基础性知识,注重教学案例的思想性分析,实现美育课程目标对于培养完整的社会主义接班人的需求;充分汲取研究成果,运用科学精确的语言进行阐述,体现教材的先进性与科学性;充分借鉴古今中外优秀文明成果,培养学生的审美与人文素养;加强案例分析,方便在教学一线的教师使用和大学生自学。

(二)理论性与应用性

教材内容要符合学生的实际水平及兴趣,注重调动学生的求知欲，培养学生解决实际问题的能力。在编写教材时要仔细斟酌理论的难易程度和实用性，以及应用的操作性和针对性等。

（三）生活性与时代性

教材内容编写和案例选用应贴近青年学生的学习生活。在符合审美文化的基础上，选取更适合各专业学生的理论知识，兼顾经典艺术案例，最大程度上培养学生的创造力和想象力，从而使教材能够配合课堂教学，发挥出更大的价值，实现更好的教学效果。

（四）适教性与宜学性

在教材性质上实现学本与教本的良好结合。美育教材应该成为既方便教师教的教本，又有利于学生学的学本。教材既要重视各个方面的设计，如教材的体例、知识的选择、内容的组织、图文版式等，又要充分考虑到学生的心理需求、知识层次、认知能力等。教材在安排上要能灵活呈现多种教学方法，以便于提高学生的阅读积极性，达到学习效果。教材不仅要适合教师教学，还要满足学生需求，这样才能具有育人成效。

（五）结构性与丰富性

教材体例是教材形式中不可或缺的部分。教材体例应达到如下要求：首先，体例形式多样化。设置贴近学生的日常生活、容易引起学生思考和探讨的问题情境。启发性的案例等都可用来丰富教材体例。其次，体例内容丰富。体例中的内容可以有效补充教材的知识结构，也可成为学生自学的资料。此外，在保持教材体例完整的基础上，教材还应有自己的独特性。

（六）人文性与审美性

教材"不仅应专注于向学生介绍知识、培养创新能力，还应高度重视学生正确的科学信念和人文精神的养成"[1]。根据课程的性质与目标要求，增强教材的人文性与审美性。美育教材不应仅仅注重门类艺术知识的系统完备，还应强调体验、实践，要让学生在获得知识技能的同时，学会学习和树立正确的世界观、人生观和价值观；要促使学生动手动脑，给予他们自主探究、独立思考的空间，使学生通过自己的探究和体验来涵养人文精神、提高审美能力。将思考和探索贯穿美育教材的编写过程，加强探究式学习和动手实践等各种学习方式的运用，克服"知识中心"的片面倾向，为学生人文精神和审美能力的培养打下坚实的基础。

（七）全面性与普适性

教学应根据对象的不同而采取不同的内容和方式。如在艺术体验与实践类课程相关教材的编写上要契合此类课程的授课需要，首先应注重理论与实践的平衡，一方面围绕课程目标和学生需求选取重点知识理论，另一方面设计合理的实践内容，避免出现理论与实践不均衡的现象。此外，在理论和实践内容的构建方

---

[1] 周琦、肖瑛：《高校教材建设的目标与原则》，《中国大学教学》2004年第12期。

面，不仅要体现专业性和技术性，还要有意识地和多种艺术形式结合，让学生在学习"技"的基础上，进一步受到"艺"的熏陶和感染，例如通过自媒体的学习和实践，同步提升媒体素养和审美能力，达到以美育人的效果。

（八）开放性与现代性

当前教育课程改革就是要通过教材的改革、教学方法的变化、教学过程的多样性和开放性等途径，使学生成为课堂的主人，促使学生热情高涨、思维活跃、积极参与。在教材编写原则上强化开放性与现代性。通过推动范式变革的主动作为，对数字化美育时代的到来作出探索与实践。加深规模化授课下的个性化学习，实现教学改革。积极推动混合式教学模式升级，注重发挥线上和线下不同教学方式的优势，关注信息技术对美育教学方式改革的促进作用，以模式探索助推美育现代化教学范式变革。教材的开放性启发引导着教学的开放性，因此，教材应在传授知识的同时留给学生广阔的思维空间，可以尝试从相关学科中汲取营养，使内容呈现开放性。教材应该不断推陈出新，只有不断创新，强化现代性，教材才更具时代感。

第五章 高校美育课程评价

课程评价在教育体系中扮演着至关重要的角色。它不仅可以评估学生的学习成果和教师的教学效果，为课程设计和改进提供有价值的反馈，还可以为教育决策提供支持，促进教育发展。

20世纪40年代，美国课程学教授拉尔夫·泰勒首创课程评价理论。他认为，评价过程在本质上是一个确定课程与教学计划实际达到教育目标的程度的过程。[1]"课程评价，就是以一定的方法、途径对课程的计划、活动以及结果等有关问题的价值或特点作出判断的过程。"[2]

---

[1] 拉尔夫·泰勒：《课程与教学的基本原理》，施良方译，瞿葆奎校，人民教育出版社，1994年，第85页。

[2] 李雁冰：《课程评价论》，上海教育出版社，2002年，第2页。

第一节 美育课程评价概述

美育课程评价是在 20 世纪 90 年代以后逐渐受到重视的。1999 年 6 月，中共中央、国务院印发了《关于深化教育改革全面推进素质教育的决定》，提出"实施素质教育，必须把德育、智育、体育、美育等有机地统一在教育活动的各个环节中"，要"建立符合素质教育要求的对学校、教师和学生的评价机制"。在这个背景下，美育课程评价开始受到广泛关注。

具体来说，美育课程评价是指对美育课程的教学过程、教学效果、教学资源等方面进行评价，以促进美育课程的质量提升和改进。美育课程评价通常包括对教学内容、教学方法、教学资源、教师素质、学生成果等多个方面的评价。在实践中，美育课程评价的具体方法和标准因地区和学校的实际情况而异。一些地方和学校已经开始探索建立科学合理的评价体系，如制定评价指标体系、引入第三方评价机构等。同时，随着信息技术的发展，一些现代化的评价工具和手段也开始被应用于美育课程评价中，如在线问卷调查、数据挖掘等。

美育课程评价是推进课程教学、素质教育和提升教育质量的重要手段之一，已经在艺术教育实践中得到了广泛的应用和探索。

第二节　高校美育课程评价改革

一、美育课程评价改革的背景

美育评价是高校美育改革的重要内容。2014年1月，教育部出台《关于推进学校艺术教育发展的若干意见》，文件明确提出了要建立中小学学生艺术素质评价制度、学校艺术教育工作自评公示制度、学校艺术教育发展年度报告制度等三项学校美育评价制度，其中后两项制度与高校息息相关。2015年9月，国务院办公厅印发第一份专门性美育文件《关于全面加强和改进学校美育工作的意见》（简称《意见》），《意见》对高校提出"加强美育教研科研工作"的要求，研究制定高校美育课程学业质量标准，制定符合高校艺术专业特点的教育教学评价标准，提出建立专门的学校美育年度发展报告制度。这表明国家对高校美育的重视程度提高了，将美育作为高校教育的重要组成部分。2019年3月，教育部印发了《关于切实加强新时代高等学校美育工作的意见》，要求完善高校美育评价体系，把美育工作及效果纳入普通高校人才培养工作评估指标体系，作为办学评价的重要因素。教育部则需要将高校美育工作和高校公共艺术课程教学纳入国家教育督导范畴，强化督导检查结果应用。文件在重申高校美育工作自评和年度发展报告制度的基础上，要求建立美育的督导评价制度，以此督促高校对美育教育的重视与改革。

2020年10月，中共中央、国务院印发的《深化新时代教育评价改革总体方案》中要求改进美育评价，在人才培养方案改革上提出具体措施：高校将公共艺术课程与艺术实践纳入人才培养方案，实行学分制管理，学生修满规定学分方能毕业。随后，中共中央办公厅、国务院办公厅又颁发《关于全面加强和改进新时代学校美育工作的意见》，再次提出"实行学分制管理"，并具体规定"学生修满公共艺术课程2个学分方能毕业"。为加强督导，还将美育工作纳入高校本科教学工作评估指标体系，作为"双一流"建设成效评价标准之一。同时也提出在督导评价制度的基础上进一步深化问责评价制度，"对政策落实不到位、学生艺术素质测评合格率持续下降的地方政府、教育行政部门和学校负责人，依规依法予以问责"。对完善、规范学校美育评价体系提出了具体举措和改革硬招，把美育工作从"软要求"变成"硬指标"。[1]

美育是党的教育方针的重要组成部分，党的十八届三中全会提出"改进美育教学，提高学生审美和人文素养"的要求后，国家陆续出台了一系列关于推进学校美育发展的文件。从中可以看出，美育评价的指挥棒特性更加凸显，美育评价的专业性要求不断提升，美育评价对象衍生出多元化需求。[2] 近年来，国家陆续出台若干政策和文件，旨在建立科学规范的美育评价制度，从校内自评制度，到教育督导制度、问责制度，不断加强评价的制度化建设，以期达到以制度强化评价落实、以评价撬动学校美育

---

[1] 陈宝生：《做好新时代学校美育工作》，《光明日报》2019年5月7日第15版。
[2] 单宏健：《学校美育评价改革：出场、逻辑及其实践路径》，《教育学术月刊》2022年第9期。

发展的目的。高校美育评价从仅要求学校撰写年度自评报告，到国家明确规定课程的学分要求，体现了评价从软性要求到硬性指标的变化趋势。高校应加强美育评价研究，完善美育评价体系，探索中国特色现代高校美育评价制度，有效促进美育发展，保障人人享受公平且有质量的学校美育。

二、美育课程评价改革的意义

通过美育课程评价改革，可以更深入地了解到课程实施过程中存在的问题，能够帮助实现高校美育课程目标，推进高校美育课程内容的完善，促进高校美育课程实施的优化。

（一）助力高校美育课程目标的实现

美育评价是撬动面向人人的学校美育实施与发展的杠杆，其评价标准就是美育目标。[1]首先，美育课程评价改革可以起到约束作用，即高校美育课程评价体系的改革能够保证高校针对大学生应达到的培养目标制定相对规范的标准，为大学生指明学习方向和要求。其次，美育课程评价改革可以起到保障作用。高校美育课程评价改革过程中将整合各类美育资源，为满足大学生多样化、差异化的审美选择提供平台，为大学生提升自身艺术审美与提高艺术想象力提供保障。最后，美育课程评价改革可以起到激励作用。通过美育课程评价改革，侧重检测学生学习的体验，

---

[1]赵伶俐、文琪：《以审美素养发展为目标的美育评价》，《湖南师范大学教育科学学报》2021年第3期。

对学生的全面发展提出合理建议，激励大学生主动接受高校审美教育，有助于大学生自觉成长为具有崇高理想与高尚人格的社会主义建设者和接班人。

（二）推进高校美育课程内容的完善

课程内容的调整与改进需要参考课程评价改革的结果，以美育课程实现的效果与功能为导向，使达到完善的课程内容推动美育课程目标的实现。首先，美育课程评价改革促使美育课程内容不断扩展领域，实现以美育为主题的不同课程内容之间的有机结合，以跨学科的美育课程形式和丰富的内容实现综合育人。其次，美育课程评价改革持续推动美育课程内容突破传统书本教材的形式，利用互联网数字资源，扩大优质美育课程资源的覆盖面，满足学生接受公平而又优质的美育的需求。最后，美育课程评价改革呼唤引入社会主义先进文化、优秀传统文化、革命文化，开发符合地域、时代特色的美育课程内容。

（三）促进高校美育课程实施的优化

课程评价能够促进美育课程实施的优化，提升美育教育教学质量，使教师发挥更大的教学价值。课程评价并不只是在教学的最后阶段才出现的，它始终伴随着美育实施的各个环节。比如，使用形成性评价可以为师生提供课程实施中的反馈信息，以便发现薄弱环节,矫正教学,更有效地促进学生的学习。[1]再比如,采取终结性评价可以对学生阶段性学习的质量作出结论性评价,其目的不在于给学生下结论或者分等级,而是为高校提供有关美育课程实施情况的数据和信息,为高校制定科学合理的美育课程计划提供参考,为下一次课程的顺利实施奠定基础。

第三节　美育课程评价现状分析

一、美育课程评价分析

(一)评价底线学分化

2006年,教育部办公厅印发的《全国普通高等学校公共艺术课程指导方案》中就明确提出,"每个学生在校学习期间,至少要在艺术限定性选修课程中选修1门并且通过考核。对于实行学分制的高等学校,每个学生至少要通过艺术限定性选修课程的学习取得2个学分;修满规定学分的学生方可毕业"。这是对普通高校公共艺术课程学分作出的底线要求。2019年,教育部印发的《关于切实加强新时代高等学校美育工作的意见》中再次强

---

[1] 刘春惠:《泰勒课程评价模式述评》,《北京邮电大学学报》(社会科学版)2001年第2期。

调公共艺术课程学分，即各校应根据实际情况，在确保底线要求的前提下，更好地推动高校公共艺术课程学分化建设，有条件的高校可以在此基础上提出更高的学分目标。

（二）评价主体待完善

2019年5月7日，《光明日报》刊登重要文章《做好新时代学校美育工作》，文中提出要落实重点任务，谋划部署新时代学校美育工作的改革；强调要用好评价指挥棒，建立科学规范的评价体系，激发"师生家校社"五大主体的积极性、创造性，把美育工作从"软要求"变成"硬指标"。

对中国大学MOOC、学堂在线、爱课程、智慧树网等国内知名大型教育平台以及相关高校网站中的课程数据进行汇总与分析，得出如下结论：当前，美学与艺术史论类课程的评价主体几乎全部是由教师担任的；艺术鉴赏与评论类课程的评价主体除了教师以外，还有7%的学生；艺术体验与实践类课程的评价主体主要为教师，社会参与评价占比6%。从这些数据可以看到，教育部强调的"师生家校社"五大主体并未真正参与到具体的课程评价中去。因此，对于学生的成长与关注也同样尚未达到预期。

（三）评价标准多样化

美育评价是撬动面向人人的学校美育实施与发展的杠杆，其评价标准就是美育目标。2022年版的《义务教育艺术课程标准》着重提出艺术课程标准的四个核心素养，分别是审美感知、艺术表现、创意实践、文化理解。这四个核心素养同样适用于高校美育课程，并且高校美育课程更加重视文化理解素养的培育。对高校美育课程评价现状进行调研发现，超过一半的美育课程的评价标准包含两个或两个以上的维度，不同课程的评价标准的选取角度存在差异。

1. 美学与艺术史论类课程

对于美学与艺术史论类课程而言，在被调查的课程中，有53%的课程的评价标准中包含文化理解维度；50%的课程的评价标准中包含审美感知维度；53%的课程的评价标准中包含艺术表现维度。此类课程的评价标准中不涉及创意实践维度。（如图5-1所示）

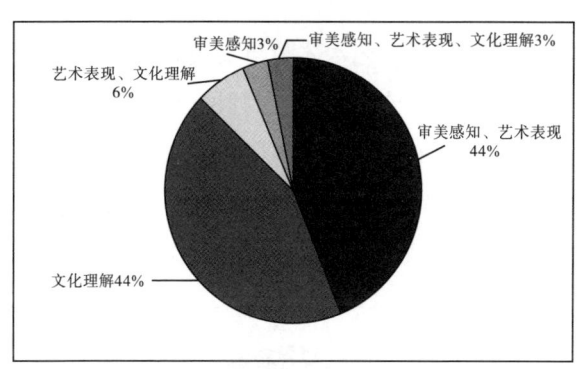

图5-1 美学与艺术史论类课程的评价标准维度示意图

2. 艺术鉴赏与评论类课程

艺术鉴赏与评论类课程的评价标准以审美感知维度为主，被调查的所有课程的评价标准中都包含审美感知维度；39%的课程的评价标准中包含文化理解维度；3%的课程的评价标准中包含艺术表现维度。此类课程不涉及创意实践维度的评价标准设计。（如图5-2所示）

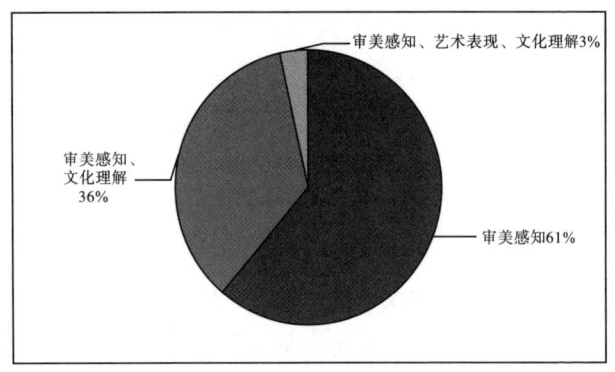

图 5-2　美学与艺术史论类课程的评价标准维度示意图

3. 艺术体验与实践类课程

不同于前两类课程，艺术体验与实践类课程的评价标准主要以艺术表现维度为主，有 97% 的课程的评价标准中包含艺术表现维度；53% 的课程的评价标准中包含创意实践维度；20% 的课程的评价标准中包含审美感知。此类课程不涉及文化理解维度的评价标准设计。（如图 5-3 所示）

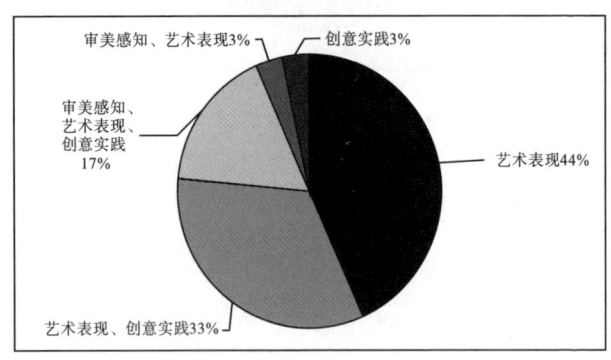

图 5-3　艺术体验与实践类课程的评价标准维度示意图

（四）考核方式日益多样化

根据课程的类型不同，当前高校美育课程逐渐呈现出考核方式多样化的态势。美学与艺术史论类和艺术鉴赏与评论类两类课程多以论文考查作为公共艺术课程学习效果的考核方式，[1]艺术体验与实践类课程多从参与态度、小组合作、体验报告、成果展示等几个角度进行测评。[2]尤其是"互联网＋"教育的兴起，使得高校美育课程能够借助于新兴平台与媒介，准确及时地掌握学情，并结合文化理解、审美感知、艺术表现、创意实践四个维度的目标，发展线上线下全过程、形成性评价体系。该评价体系一方面集合了科学合理的线上考核方式，包括视频学习、单元测验、线上讨论和在线期末考核等，十分关注学生对于知识目标的掌握情况，强调评价的过程性；另一方面集合了富有创新体验的线下考核方式，包括艺术实践、课程作业以及课堂互动分享与讨论等，强调创新能力和情感价值的培养，同时注重考查学生对于课程思政性内涵的理解。因此，通过对线上与线下课程考核方式的设计，分别从宽度和深度上达成了课程目标，进而实现了高校美育课程在宽度与深度上的平衡。[3]

1. 美学与艺术史论类课程

根据对数据的整理与分析，美学与艺术史论类课程多以线下

---

[1] 蒋晓东：《从教育评价看高校艺术教育的改革》，《上海教育评估研究》2021年第6期。

[2] 佟贺、尹爱青：《高校公共艺术课程的整合研究——以东北师范大学〈艺术综合体验与表现〉课程为个案》，《东北师大学报》（哲学社会科学版）2017年第5期。

[3] 铁娆娆：《"金课"视阈下高校公共美育融合式教学实践研究——以"西方现代艺术赏析"课程为例》，《教育教学论坛》2023年第17期。

考试或论文、线上和线下相结合的考核方式为主，更注重对学生学习目标完成度的测评。比如，南京艺术学院的国家级一流课程"中国美术史"，就是通过撰写论文的方式考查学生对于中国美术史的认识。这种考核方式的优势在于具有较强的开放性与自由性，能够解放学生的想象力与创造力。又如，西北工业大学的"大学美育"课程建立了以考核审美能力为主的动态化考评体系，评价过程的重点在于能够加强过程化管理多角度评价。通过课堂讲授、作品欣赏、观摩考察、实践体验等多种形式的教学，引导学生发现和感受经典艺术以及文化生活中的美，结合作业练习、课外实践来培养学生对美的感知、欣赏、表现和创造能力。以课前导学、课堂互动、单元测评（雨课堂）、课外阅读与实践为评价观测点。课程评价将过程性评价和终结性评价充分结合，以考查基础知识为目的的单元测试题（雨课堂）占10%，以考查审美感知力为目的的小组课堂汇报占10%，以考查对文化现象的观察力为目的的期中论文占20%，以考查对文化现象的理解及审美判断力为目的的期末考试占60%。这种考核方式能够较为全面和细致地考查学生对基础知识的掌握和审美能力提升的情况。线上的美学与艺术史论类课程则多采用线上测试与线下测试相结合的方式。

2. 艺术鉴赏与评论类课程

艺术鉴赏与评论类课程的考核方式和美学与艺术史论类课程基本相同，主要以线下考试或论文、线上和线下相结合的测评方式为主，并且更注重过程性评价。比如，北京师范大学的国家级一流课程"中国电影经典影片鉴赏"和烟台大学的国家级一流课程"西方音乐史与名作赏析"都聚焦于过程性考核方式。例如，通过在线平台对学生的学习情况进行监控与分析，将学生的学习进度分（5分）、学习习惯分（15分）和学习互动分（10分）都计算在内，形成了一个较为丰富的评价指标。其中，线上测评成绩既包括章节测验成绩，又包括见面课的成绩，较为合理地保证了学生线上学习和测评方式的多元性。而期末考核方式多为论文撰写，以较为开放的方式考查学生的学习情况。

3. 艺术体验与实践类课程

艺术体验与实践类课程的考核方式较前面两种类型的课程而言，更凸显实践性与创新性。根据数据分析可知，71%的样本课程中包含实践作品展示与汇报类的考核方式。比如，华南理工大学的国家级一流课程"戏剧审美与剧场实验"的考核方式就十分细致。该门课程的成绩组成为"单元测试（20%）+参与话题讨论（20%）+期末戏剧表演成绩（60%）"。其中，单元测试是主观评价内容，考查学生对本门课程基础知识的掌握情况；参与话题讨论主要考查学生的参与活跃度以及内容质量；期末戏剧表演成绩主要考查学生的实践能力、创新能力与团队协作能力。再比如，清华大学的标杆课和通识荣誉课——"艺术的启示"，通过听、说、读、写、画全过程性的考核方式，将学生的审美体验与艺术实践完整地记录下来，勾画出每个学生的艺术体验之旅。

二、美育课程评价现状

（一）美育理论类课程

"目标评价"模式是由"课程评价之父"泰勒提出的。泰勒曾在《课程与教学的基本原理》中指出："评价是查明已形成和已组织的学习经验，在实际上带来多少预期结果的过程；同时，评价过程总是包括着鉴别计划的长处和短处。"[1] 泰勒的评价观以目标作为导向,通过确定课程目标、根据目标选择课程内容、根据目标组织课程内容、根据目标评价课程四个步骤系统有效地实现目标。

"目标评价"模式作为美育课程评价的理论基础,历时最长,发展也最为充分。时至今日,美育课程评价领域仍然普遍使用"目标评价"模式。

2014年,习近平总书记在文艺工作座谈会上首次提出"传承和弘扬中华美学精神"的重大理论命题。美学教育是公民素质教育的重要组成部分,公民的审美能力关乎国家的可持续发展力。在教育部体育卫生与艺术教育司的委托下,北京大学和智慧树网共同策划和制作了"艺术与审美"共享学分课程。该课程已成为政府积极引领、一流大学、大师深度参与、市场化全面服务支持,汇聚多方力量,共同推动教育质量提升、实现教育公平的中国式慕课典范。截至2024年4月10日,已累计选课167.33万人、选课学校1247所,累计互动2111.55万次,累计浏览241.91万次,社会影响力极高。

该共享课程以发展审美素养为总目标,以提高学生的艺术教养与审美素质,引导学生追求更有意义、更有价值、更有情趣的人生,以及引导学生拥有高远的精神追求,追求高尚的精神生活为分层目标,采用了"在线学习+跨校课堂表现+期末作业"的成绩结构,实现了以"目标评价"模式为核心的针对学生学习效果的评价体系。(如图5-4所示)

---

[1] 拉尔夫·泰勒:《课程与教学的基本原理》,施良方译,瞿葆奎校,人民教育出版社,1994年,第85页。

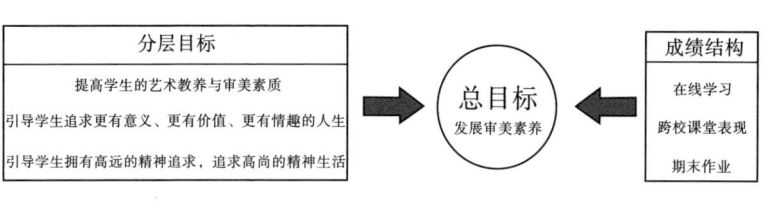

图 5-4 "艺术与审美"课程的"目标评价"模式

（二）美育实践类课程

CSE 评价模式是综合性动态评价模式的重要类型之一。它是由美国加利福尼亚大学洛杉矶分校评价研究中心（Center for Study of Evaluation）提出的，故也以其命名，该中心自 20 世纪 60 年代后期以来一直在研究和推广这一评价模式。CSE 评价模式是一种典型的分阶段式动态评价模式，包括四个评价阶段：第一阶段为需要评价阶段，即明确教学目标；第二阶段为选择计划阶段，即教师围绕教学目标制定计划；第三阶段为形成性评价阶段，即确定学生在实施计划的过程中是否能够保证教学目标的达成；第四阶段为总结性评价阶段，即根据学生最终是否实现教学目标来进行评价。[1]

与其他课程相比，高校美育实践类课程具有其特殊性。高校美育实践类课程强调对人的塑造，注重学生的体验与实践，其教学效果在大多数情况下不会立刻显现，也不可能通过一次单向度的测评全面反映出学生实际的学习效果。因此，更多的院校将评价活动覆盖到教学活动的全过程，采用了能够动态综合体现学生学习效果的 CSE 评价模式。

---

[1] 一帆：《教育评价的 CSE 模式》，《教育测量与评价》（理论版）2013 年第 8 期。

"戏剧表演与实践"是西北工业大学艺术教育中心面向全校本科生开放的审美类素质拓展课程，共32学时、2学分。该课程以戏剧排演与实践为主体，包括台词基础、声乐、形体、演讲、朗诵及戏剧表演、剧场实操等教学内容。该课程采用CSE评价模式与OBE（Outcome Based Education）教学理念相结合的方式，制定课程的教学计划与评价标准。

1. 需要评价阶段——明确学生需求，发现学生问题

基于教学目标设置评价标准。在文化理解与审美感知的维度上，结合西北工业大学"总师型"人才培养理念，在评价中注重对学生的综合素质、人文素养、家国情怀等方面的能力提升和价值引领。包括涵养正气，把准人生航向，深厚家国情怀；融合创新，激发创造活力，传承工大品格；全面发展，拓宽格局视野，提升文化素养；等等。在创意实践与艺术表现的维度上，根据学生的反馈及学情分析，考查学生拓展专业能力之外的表现能力，探索更多的可能性，寻求自身价值的实现。基于此，本门课程的评价重在戏剧表演的学习与实践相结合，通过考查学生在原创精品剧目排演过程中所提升的感知力、情感力、创造力等多元能力，激发学生的创新活力，提升学生的艺术素养。

2. 选择计划阶段——围绕学生需求，制定教学计划与评价重点

本门课程从表演实务、审美理解、探索表现、实践应用等方面设计教学内容、确定考核评价的重点。

表演实务：本门课程中，教学内容设计的基础为表演实务，因此，考查内容也应基于学生完成角色塑造与表演实践过程的基本情况而定，包括表演能力、语言与肢体的运用能力、情感的表

现能力、角色塑造的完成度等情况。

审美理解：本门课程的评价并未停留在表演技能层面的测评，而是考查学生是否能够借助学习表演元素走近角色。帮助学生在角色塑造的过程中重新认识与探索世界，强化对世界、对生命的感知，建立自己与生命、与他人、与世界的连接，借由戏剧从感性体验上升到理性思考。通过对角色的分析塑造、对生活和自身的觉察，在感性的审美的体悟中走向审美愉悦，释放感性力量。

探索表现：在完成主题任务、生活观察、角色塑造的过程中，观测学生对于人物的理解与分析、小组协作情况、肢体与语言表达情况、对生活情境的表现情况以及创意呈现的情况。

实践应用：通过角色塑造与戏剧表演的呈现，由感性体验到理性分析，观测学生对于作品的价值体认、对于表演内涵的分析、对于人物及作品的延伸思考、对于戏剧与自身关联度的探索等。

3. 形成性评价阶段——根据学情进行评定

本门课程注重过程性考核，对学生实际的学习情况进行跟踪与考查，采用教师评价与小组互评的方式完成考核评价。采用学习札记的形式，对标美育实践类课程的要求，考查学生的实际学习情况。该部分作为平时成绩，占总成绩的 40%。

4. 总结性评价阶段——根据学生实现教学目标的情况进行评价

本门课程采用 OBE 教学理念，即以成果为导向，以任务为牵引，以学生为主体，以艺术实践为手段。在总结性评价阶段，以学校特色原创精品剧目为牵引，根据学生最终汇报演出的表现，考查学生的合作精神、组织管理能力、表达能力、创造力等多元能力。

表 5-1 学习札记模板

形成性评价：学习札记						
学习札记维度	第1次排练	第2次排练	第3次排练	第4次排练	第5次排练	第6次排练
角色分析与人物塑造						
角色与自身关联度						
角色对自身影响度						
排练收获						
学习期待						

（三）美育思政类课程

CIPP 评价模式是斯塔弗尔比姆于 1966 年提出的课程教学的评价模式，该模式能提供全面、整体的教育评价信息。它包括对背景（Context）、输入（Input）、过程（Process）和成果（Product）等维度的测量、判断、解释与评价活动，这些维度可以作为决策导向评价和改良导向评价的重要方向。其中，背景评价是对教育方案或规划的合理性和目标价值进行客观评价，以判断其实施的必要性；输入评价是对课程实施的科学性和可行性进行评价，以协助开发者设计教学内容和策略；过程评价是对课程实施过程和存在的问题进行评价，是改进课程方案和解决问题的重要依据；成果评价是对教育效果进行评价，判断教学方案是否达到预期效果。（如图 5-5 所示）

美育思政类课程注重美育与德育的融合，需要从多个角度、多个层次关注学生的获得感与能力培养。此类课程以 CIPP 评价模式作为评价基础，可以对学生进行更有效的测评。

图 5-5 CIPP 评价模式

"重塑中国心灵"课程依据中央美院"课程串讲＋名家讲座＋经典阅读＋课堂讨论＋实践教学"的"五位一体"模式全新设计,把高校思想政治课程中的《中国近现代史纲要》和《毛泽东思想和中国特色社会主义理论体系概论》融合到近现代美术史的个案中,结合党史和校史,生动地为学生讲授了系列思政课。

该课程既是一门思政课,也是一门艺术专业课。该课程最终的教学、学习和实践成果,将以"重塑中国心灵"主题创作展和作品画册的形式呈现。作为实践环节的有机组成部分,学生也将参与到优秀作品编辑和课程主题展览的策划全过程之中。该课程践行"双主体教学"的宗旨,学生和老师都是课堂的主体,注重教学过程中对学生的思辨能力、艺术表达能力的培养,所以课程实践活动也是结课成绩的重要组成部分。

在课程评价部分,该课程的成绩由学生参与系列讲座、现场踏访、研讨会、工作坊、艺术创作实践等环节的成绩组成,践行了 CIPP 评价模式对教学内容全方位的覆盖与对应。(如表 5-2 所示)

表 5-2 基于 CIPP 评价模式的"重塑中国心灵"课程评价

CIPP 评价模式			"重塑中国心灵"课程成绩组成	
核心价值	背景评价	对应	系列讲座	美育＋德育
	输入评价		现场踏访	
	过程评价		研讨会＋工作坊	
	成果评价		艺术创作实践	

（四）交叉学科类课程

目的游离评价模式是由美国学者斯克里文提出的，强调评价过程中考虑多种因素，研究课程运行的整个过程，重视环境对课程的影响。重点从"课程计划预期的结果"转向"课程计划实际的结果"，关注预期目标，但不受其影响，也关注非预期结果，分析产生特定结果的条件和方法。目的游离评价模式更关注课程满足实际需要的程度。

交叉学科类课程强调"艺科融合"，期望学生能将自己本科专业所学与艺术、美学等进行深度的融合，找到新的发展契机。这类课程的评价更关注是否能够灵活地观测到学生在课程中的实际收获，因此可以采用目的游离评价模式。

"交互新媒体艺术"是目前电子科技大学唯一一个将艺术、设计与工科相结合的新学科，也是一个辅修专业。该辅修专业通过构建独具特色的交叉学科课程群，培养学生在跨学科领域的实验性艺术创作中拥有创新与创意设计能力，且能够有兴趣致力于探索艺术、科学、文化、设计以及它们之间的联系。

"新媒体编程"课程作为"交互新媒体艺术"辅修专业的核心课程之一，其教学目标是让学生学会通过编程创作精美的图画与实时的互动效果，深度参与项目管理和团队协作，为之后的大型项目创作和该领域的深入学习打下基础。而"互动媒体艺术——装置"课程则培养学生利用以机械装置、电子装置、声光装置等为主的，具有"新潮""当代""科技"特征和语言的新媒体，在给定空间中创作互动艺术作品的能力。两门课程一个关注软件设计，一个侧重硬件搭建，二者相结合能够有力支撑学生对于交叉学科的理解与实践。

在课程评价部分，交叉学科课程群的成绩评定方式（如表5-3、表5-4所示）将评价融入理论与实践教学的全过程，并且依据每个学生的独特性与发展阶段进行成绩评定，充分体现出目的游离评价模式在课程评价中的优势所在。

表5-3 "新媒体编程"课程成绩评定方式

考核内容	考核方式	分数占比
作品最终效果	现场评审	60%
作品进展汇报	现场评审	20%
项目记录文档	平时检查	10%
项目结项资料	结课检查	10%

表5-4 "互动媒体艺术——装置"课程成绩评定方式

考核内容	考核方式	分数占比
作品完成度	作品系统性展示评分	40%
作品艺术性	艺术观念阐述和表达效果评价	20%
工程问题解决情况	过程记录	20%
团队合作情况	过程记录	10%
进度把握情况	过程记录	10%

第四节 美育课程评价实例分析

一、美学与艺术史论类课程实例分析

（一）"大学美育"（西北工业大学）

课程简介："大学美育"是西北工业大学面向全校各专业本科学生开设的通识必修课，是一门跨学科的审美与人文素养通识课程，课程内容涉及美学、艺术学、文学、教育学等学科领域。该课程以人类社会审美文化专题为主线，以人类社会的审美活动为对象，以对审美活动文化内涵的考查为目标，涵养学生的审美及人文素养。该课程的学习以审美活动的感性特质为基本出发点，加强感性认知能力的培养，激发审美创造力，提升人文素养，使学生通过审美活动，实现价值塑造、丰富审美涵养、完善人格，成为德智体美劳全面发展的社会主义建设者和接班人。

课程特色：（1）融合审美相关学科的知识性。洞悉审美经验，探寻审美规律，在从文化现象到其审美内涵的学习中加强对美的本质的认知。（2）创新思维的高阶性。综合美学、艺术学、文学、教育学等学科领域的知识与方法，提升审美鉴赏力。（3）以任务驱动和审美体验引导学生学习，提高自主学习的挑战度。培养学生独立自主探索和学习的能力，突破传统的单学科思维模式，加强思辨能力培养，提高文化理解力。

成绩组成：

表5-5 "大学美育"课程的考核方式及成绩评定

成绩组成	考核/评价环节	分数占比	考核/评价细则	教学目标
单元测试题成绩 + 小组汇报成绩 + 期中成绩 + 期末成绩	单元测试题	10%	平时作业完成情况	考查学生对基础知识的掌握程度，培养学生树立正确的审美观
	小组汇报	10%	课堂表现与现场汇报情况	考查学生的审美感知力和表达力，培养学生的感知、欣赏、表现和创造能力
	期中作业	20%	期中作业完成情况	考查学生对文化现象的观察力。通过分析审美现象，加强学生的文化理解、审美感知和审美判断，加深学生对审美人生的理解
	试卷考试	60%	能够应用美学基本知识和基础理论分析社会文化生活中的审美现象	考查学生对于审美文化活动的认识，对于审美体验的把握，以及对文化现象的审美判断

评价解读：

（1）采用过程性考核和终结性考核相结合的方式，建立以考查学生审美能力提升为主的考评体系。价值引导与能力提升并重，过程性考查的重点在于对学生知识应用的评价、审美实践的评价；终结性考核注重考查学生对经典艺术以及文化生活的审美理解，促进审美与人文素养的养成，实现考核的"导向、检验、评价、反馈"功能。

（2）在"大学美育"教学过程中，通过课前布置预习任务（以艺术作品的欣赏或者经典名篇的研读为主），以小组的形式对预习问题进行课堂展示，考查学生的学习状态。基于"以生为本""以学为本"，让学生从机械的"学答"向"学问"转变，从"学会"向"会学"转变，真正成为学习的主人。注重实践环节的内容细化与考查的丰富性。实践环节包括课上和课下的审美实践。课前发布导学和拓展学习资料，预设问题和任务来引导学生自主探究学习，课上以小组为单位进行汇报展示交流。课下开展审美实践活动，以参加校园文化活动（如创作摄影作品、观看校园原创话剧）等方式进行审美实践；同时充分推进学生对经典文本的阅读，加大学生的阅读量，通过阅读经典名篇引导学生对审美文化的理解力，提高学生的审美与人文素养。

（3）构建面向大学生审美素养提升的美育评价动力系统模型。通过对大学美育的目标与指标的梳理及对制约因素的反思，提炼出以美育评价客体（即接受美育的学生）的审美素养为中心，由美育评价客体、美育评价主体、美育评价标准、美育主客体关系等基本要素构成的面向大学生审美素养提升的美育评价动力系统模型（如图5-6所示）。

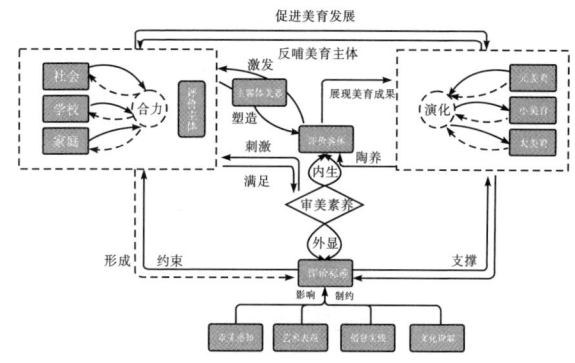

图5-6 面向大学生审美素养提升的美育评价动力系统模型

对于大学生审美素养提升的评价是通过社会、学校和家庭三元评价主体共同起作用的结果。各个动力既有各自相对独立的规律和独特的职能作用,又相互制约、相互作用,按一定规律有机地结合成一个内驱整体——动力系统,以一股持续不断的合力推动着美育评价的实施与发展。在美育评价多样性发展的漫长过程中,在百花齐放的美育评价理论中,始终存在着一些对教育发展起普遍作用的因素,这些因素构成了动力系统的基本要素,这些要素之间发生多维、多向的交叉渗透关系,在普遍的相互作用中形成一个多层次的立体网络结构。

(4)践行美育课程评价的逻辑新指向:"启心"—"启行"—"超越"。美育所带来的审美是自觉自愿的、不知不觉的,是在潜移默化中形成的内生动力,具有典型的不可替代的作用。一方面,美育的实施与发展能够调节社会关系,使社会生产和社会生活更加和谐;另一方面,美育具有创造美的巨大动力,能为人们带来丰富的精神生活,为应对技术革命的挑战做好了充分的"软素质"准备。因此,美育评价的动力系统模型所产生的内生动力,既能"启心",又能"启行",从文化观念层面逐步形成自主与自救意识,进而带动高校美育的平衡与充分发展。有效的美育评价能够不断提升美育的根本价值,再经由教学设计、教学目标与教学改革传递至学生端,进而使学生逐渐具备超越自我的勇气。

(二)"审美·跨界"(西南大学)

课程简介:该课程是西南大学国家精品课程,是将"跨界思维"与"高校美育"两门课程在互联网背景下融合而成的高校美育课程,大学生和社会大众均可在线学习。该课程分为九章,从视觉、听觉、言语、舞蹈、镜头等多个领域阐述审美意象,解释审美过程,传递美育观念,让大学生在美育中认识美、感受美、创造美。

课程特色:课程内容涵盖审美基础、形象审美、视觉审美、听觉审美、舞蹈审美、言语审美、镜头审美、民间审美、科学审美,通过培养大学生跨界思维促进其(以本科生为主)在艺术、国学、镜头、言语等领域使用美的法则来感知美、欣赏美,进而促进他们以本专业为基础的专业审美能力的发展。跨界本身是一个极为庞大的工程,即以本课程所涉及的美学原理、艺术、国学、镜头、科学技术为审美对象,内涵极为复杂深刻。信息技术的综合能力、表现力帮助了这种跨领域的美的呈现,让美与审美的理论和实践的切换更加自如。同时,本课程一方面借用多媒体技术将抽象的美学理论,尤其是美的定义、美的法则,表达为现实的生活、形象的事物、可感的情绪等,让学生不再以哲学的思辨来理解美和审美；另一方面又通过将丰满的现实进行抽象，得出美的定义、美的规律以及审美的操作，这无疑是高等教育传授高深知识的本质所在。

成绩组成：本课程学生学业评价（成绩）由三个板块构成。(1) 平时，结合通识审美理论讲解与学习，具体的审美活动（如自然审美、艺术审美、社会审美、科技审美）和实践作业等，进行 3—5 次基本审美素养评分；(2) 期中和期末，结合学科和专业审美理论讲解与实践作业，进行两次专业审美素养评分；(3) 期末，学生根据自己的兴趣和特长，在给定的考核题目与活动形式中，自主选择考核题目与活动形式，参加综合审美素养测评等。

评价解读：

(1) 构建"双指向美育评价"，即以学生审美素养包括艺术核心素养发展来构建合理系统的一般美育目标体系，以学生个体的审美兴趣为美育评价操作的逻辑起点。这种全面系统性兼容个体可能性的双指向美育评价，也是面向未来的现代化教育评价改革，如五育并举评价逻辑构建的先行探索与试点。[1]

(2) 以审美素养发展为目标[2]，以体验式过程性评价为主导，充分利用智能化技术并伴随美育实施，随时随地收集分析数据和给予评价、反馈、调控和管理等。这也是新时代美育迫切需

---

[1] 赵伶俐、文琪：《双指向美育评价探究》，《湖南师范大学教育科学学报》2023 年第 3 期。
[2] 赵伶俐、文琪：《以审美素养发展为目标的美育评价》，《湖南师范大学教育科学学报》2021 年第 3 期。

要完成的一项艰巨而意义非凡的任务。[1]

（3）借鉴史上一些数学家、美学家、心理学家等采用的审美和艺术测量方法，重构合理的美育质量测评公式；同时，提出基于"互联网＋"的美育目标、课程、直接相关教材、教师教学、学生学习"五位一体"的大数据方案，以实现随时随地测评与督导教师教学和学生的审美学习。[2]基于智能测评技术系统，在实际美育教学过程中，收集学生的身心反应数据，进行审美素养与美育教学的相关统计分析。这种测评目前受设备条件的限制，适用范围有限，但是更客观和科学，便于对美育教学和学习规律进行学术探究。

二、艺术鉴赏与评论类课程实例分析

（一）"中国电影经典影片鉴赏"（北京师范大学）

课程简介：北京师范大学的国家一流课程"中国电影经典影片鉴赏"，选取不同时代的经典影片29部进行深入鉴赏，带领学生分析每部影片的时代背景、创作历程、视听语言、文化观照等方面的创作特色。该课程以影像为载体，贯穿历史文化潮流，凸显艺术表达的人文情怀，坚定弘扬社会主义核心价值观，以"影

---

[1] 赵伶俐、经刚：《美育评价智能化平台与实验教室建构——基于美育教学与美感体验过程》，《华东师范大学学报》（教育科学版）2023年第6期。

[2] 赵伶俐：《以目标与课程为支点的美育质量测评——为了有效实施〈国务院办公厅关于全面加强和改进学校美育工作的意见〉》，《华东师范大学学报》（教育科学版）2017年第5期。

史教学、育人为核、文化为旨"为目标,鲜活展现社会影像,鲜明表现进步文化精神,鲜亮张扬中国影像艺术的本土传统。

课程特色:课程在宏观层面上简述了中国电影发展史,在微观层面上从电影赏析、创作实践等角度系统讲述了中国电影不同年代的时代风格、影像特征、文化传统和创作特色等。同时,课程在讲述中重点选取每个时代的影像佳作进行深度解读,从电影史到史论潮流,从艺术史到产业史、文化史等,深入分析,打破简单化的影片分析、历史讲述的惯例,形成了由历史到当下、由艺术到产业与文化的系统观照,从而搭建起易于学生理解掌握的立体化、多层次、示范性的中国电影史知识谱系。

成绩组成:平时成绩(单元测试客观题30%)+随堂测试(课程讨论表现20%)+期末成绩(考试50%)

评价解读:

(1)学生对待电影作品的态度和鉴赏电影的习惯与方法是课程评价的基础内容。对于电影艺术的热爱和音乐欣赏的习惯是培养学生健康审美情趣的关键。只有当学生具备这些基本素质,才能有效地掌握电影鉴赏的方法,进而形成健康的审美情趣。这一评价内容的落实,能够为实现美育核心素养目标提供有力支撑。

(2)学生对中华优秀传统文化的理解程度是评价标准中不可或缺的一部分。传统文化是民族精神的体现,通过对电影中所呈现的中华优秀传统文化的理解,可以检验学生文化自信的实现程度。这不仅有助于弘扬中华优秀传统文化,也能够增强学生的文化自信,从而更好地践行社会主义核心价值观。

(3)学生对电影的感知力和判断力是评价美育核心素养中审

美鉴赏力目标的重要依据。审美鉴赏力是学生审美素质的重要组成部分，通过学生对电影作品的感知和判断，可以了解学生审美鉴赏力的水平，并引导学生在审美体验中不断提高自己的审美素养。

（4）学生的艺术表达水平和创意表现能力是评价美育核心素养的核心内容。艺术表达与创意表现能力是学生将所学知识应用于实际生活的重要体现，同时也是检验美育课程思政实现程度的重要途径。评价过程中应关注学生的创意性思考、问题解决能力以及团队协作能力等多方面的表现。

（5）学生运用相关影视知识对电影作品进行理解鉴赏的能力是评价美育核心素养中文化理解与践行目标的关键要素。在"中国电影经典影片鉴赏"课程中，学生应运用所学的影视知识，对不同地域、不同时代的电影作品进行深入的文化解读与鉴赏。通过这一评价内容的落实，可以了解学生对影视知识的掌握和运用情况，并引导他们在文化理解和实践方面不断提高自己。

（二）"书法鉴赏"（西安航空职业技术学院）

课程简介：西安航空职业技术学院的公共艺术选修课"书法鉴赏"，旨在培养学生的书法审美情趣，提高审美能力，提高学生艺术鉴赏的感受力、鉴赏力、创造力；通过介绍古今优秀的书法艺术作品，让学生掌握各种书体的基本表现技法，提高综合文化素养。书法作为中华民族优秀的传统文化艺术，有着悠久的历史，是以汉字为素材，按照形式美的法则进行再创造的一门造型艺术，具有广泛的实用价值和鲜明的艺术价值。书法同时也是一门独立的工具学科，它有记录语言、表达感情、交流思想、传递信息的实用功能，其主要任务是培养大学生正确的人生价值观、高尚的审美情趣，对提高大学生对美的感受能力、欣赏能力和创新能力有巨大作用。作为工具课和基础课，它与建筑、文学、美术、音乐等学科相互渗透，为各门学科的学习提供了有利条件，为现实的学习与今后的工作以至深造提供了深厚的综合素养保障。书法教育是高等院校人文素质教育的重要内容，继承和发扬了中华民族书法艺术的优良传统，能极大程度地弘扬民族精神，增强民族凝聚力。

课程特色：本课程最大的特色为理论与实践相结合，且十分注重实践对鉴赏教学的助力作用。理论教学的内容以书法基础理论知识与书法发展史为主，系统地介绍了中国书法演变过程及发展脉络，同时还有书法艺术性质、书法作品、书写工具材料知识、书法家流派等书法相关知识，并通过学习字形结构、字体分类、书法美学等知识，让学生融会贯通地了解现今书法文化现象。实践教学环节则针对汉字书写与书写工具使用，通过组织不同书写工具的书写练习等活动，拉近艺术与现实生活的距离，穿透艺术活动中生活与艺术的屏障，在学习过程中让学生参与中国汉字书法的学习，使其在与书法的对话中成为一位主动参与者。

成绩组成：平时成绩（考勤30％＋平时作业30％）＋期末成绩（书法临摹考试40％）

评价解读：

（1）本课程采用考查的方式，成绩能够准确反映学生在文化理解维度的获得，能够在一定程度上准确反映学生在审美感知、艺术表现和创意实践三个维度的获得。

（2）本课程作为艺术鉴赏和评论类课程，其考核着眼于全过程的学习效果，因此，采用终结性考核与过程性考核相结合的方式。通过终结性考核呈现出学生通过本门课程的学习所获得的书法艺术鉴赏能力，通过过程性考核则呈现出学生通过本门课程的阶段性学习所掌握的实践能力。实践能力与鉴赏能力彼此支撑，共同进阶。

（3）多元评价主体与以赛促教协同保证课程评价的公正性。本课程采用教师主评与同学互评的方式，同时，又通过选优参与艺术节活动，进行全校范围的评选，甄选优秀作品。这种协同评价模式的构建保证了本课程评价的公正性。

（4）评价学生习得"隐性经验"有助于个性化培养。本课程关注学生完成任务的工作过程，并适当考虑学生在特定真实或模拟情境中，是否能够运用先前所获得的知识完成某项任务或解决某个问题，以考查学生知识与技能的掌握程度，或者问题解决、交流合作和批判性思考等多种复杂能力的发展状况。对学生习得"隐性经验"的情况予以评价，能够更好地关注学生的个体发展，有助于个性化培养。

（三）"江南音乐文化之美"（苏州大学）

课程简介："江南音乐文化之美"是一门面向苏州大学全体学生及全国范围内的本科生的通识课程，十分具有地域音乐文化特色。该课程带领学生聆听江南音乐之万籁，领略音乐文化之奥妙，传承中华传统之精神，尤其注重对苏州地区音乐类非物质文化遗产的解读，以期提升学生的美学素养。

课程特色：从"知识—能力—素质"出发，学生通过课程的学习，掌握江南音乐文化的基础知识，获得欣赏音乐艺术的能力，提升审美素养，在感受音乐之美、生活之美后领悟中华优秀传统文化之精神。

成绩组成：

表5-6 "江南音乐文化之美"课程的考核方式及成绩评定

成绩组成	考核/评价环节	分数占比	考核/评价细则
平时成绩＋实践成绩＋期末成绩	线上学习＋平时作业	30%	根据线上学习完成情况系统打分
	小组汇报	30%	根据学生的现场汇报进行评分，考查学生在文化理解、审美感知、艺术表现、创意实践等方面的综合表现
	试卷考试	40%	根据线上试卷进行综合测评。客观题考查学生对理论知识的掌握情况，主观题考查学生的鉴赏能力

评价解读：

本门课程的评价主要关注综合性与创新性，注重学生的实践能力和审美素养的提升。通过引导学生将江南音乐与其家乡特色音乐进行对比，采用自主探究式学习方式，运用翻转教学的方法，更好地激发学生的学习兴趣，提高他们的参与度和实践能力。具体来说，"江南音乐文化之美"课程评价的亮点表现在以下几个方面。

（1）多样化的评价方式。本课程采用"智能＋人工"的方式进行线上考试的成绩评定。客观题的试题从线上平台的试题库中抽取，并由计算机核定给分；主观题则由教师进行评分。考核评价融合了客观测评与主观评价，这样可以保障评价结果的准确性和公正性。

（2）注重实践能力的考核。本课程将实践能力作为重要的考核指标，通过自主探究式学习和田野调查等方式，引导学生将江南音乐和学生家乡的特色音乐进行对比，鼓励学生将理论知识运用到实践中，培养他们的实践能力和解决问题的能力。

（3）美育课程的目标是提高学生的审美素养，因此本课程也十分关注学生审美素养的提升。在评价过程中，注重学生对艺术作品的鉴赏和分析能力，帮助他们树立正确的审美观念和价值观念。

（四）"音乐课堂教学课例评析与研究"（东北师范大学）

课程简介：本课程作为东北师范大学的国家精品课程，在课程设计上采用自下而上、个案分析、归纳探究的逻辑顺序。不同于以往的理论讲授，本课程从音乐常规课教学实践出发，通过对教学设计、教学实施、教学效果等方面进行"教师说课—教研员评课—学科专家评课—实践问题研究"等多元探讨,发现音乐教学中的真实问题,基于实践到理论提升再回到实践。[1]既关注音乐课堂教学的热点,又探讨音乐教学理论;既关注学生学习,又考虑教师专业发展。本课程基于"资源开放共享"的理念,打破传统音乐课堂教学资源开发利用的壁垒,结合互联网的优势,以促进学生发展为目的,通过问题引导、开放性讨论和多元性评价提升学习者的音乐教学能力。

课程特色:"音乐课堂教学课例评析与研究"是目前全国首个以音乐课堂教学课例为对象进行评析与研究的慕课。本课程有以下特点。

(1)课程设计紧贴基础音乐教学实际,体现了基础性与时代性。

(2)课程实施结合在线平台的优势,具有较强的代表性与应用性。

(3)课程价值从音乐教学实际问题入手,兼具实践性与理论性。

成绩组成:平时成绩(课程讨论15%)+期末成绩(线上考试85%)

评价解读:

(1)美育课程内容的结构化和综合化趋势不断发展,对美育评价机制的构建提出了新的挑战。为了更好地适应这一趋势,美育课程评价应更加注重过程性评价,以艺术实践为出发点,以学

---

[1]参见尹爱青主编《音乐课程与教学论》(第二版),东北师范大学出版社,2019年。

习任务为纽带，将学习内容进行有机的结合。在构建美育评价机制的过程中，应充分参照课程标准中的"内容要求""学业要求""教学提示"，以确保教、学、评三者之间的相互一致。此外，还需在评价机制中有机地融入学习者的实际表现，以更好地体现美育课程的实践性和综合性。这样，才能更好地评估学生的美育素养和能力，有效地促进学生的全面发展。

（2）《义务教育艺术课程标准》（2022年版）对学业质量标准的明确和具体化，为美育课程评价标准的确定提供了新的、重要的参考依据。根据学生的核心素养发展水平，结合各学段具体的课程内容，对学生的学习成果进行整体性的评估。这种评估不仅可以反映出不同学段学生的学业成就，而且还可以描绘出这些成就的具体表现特征，进而形成一套全面而精准的美育质量标准。这一标准的建立，不仅为美育教学的实施提供了明确的方向，也为美育评价等提供了明确的依据。根据这一标准，教师可以对美育课程的质量进行有效的衡量和评估，进一步确定学生在每个学段学习后应达到的基准水平。这一标准不仅具有可测量性，也具有可评估性，这使得教师能够清晰地了解学生美育课程学习的成果和进度。

（3）美育课程评价的过程化和多样化给美育教学实践带来了新的挑战。《义务教育艺术课程标准》（2022年版）明确提出："评价涉及学习态度、过程表现、学业成就等多方面，贯穿艺术学习的全过程和艺术教学的各个环节。"因此，在遵循"坚持素养导向、坚持以评促学、重视表现性评价、坚持多主体评价"等基本原则的前提下，美育评价的实施必须以学生的审美感知、艺术表现、创意实践与文化理解等核心素养的发展为目标,从而判断学生在关键能力、必备品格以及正确价值观等方面的表现。为了实现这一目标,教师需要在整个教学过程中实施评价,关注学生的学习态度、过程表现和学业成就等多个方面,以便及时了解学生的学习情况并调整教学策略。此外,教师还可以通过表现性评价来观察学生的实际操作能力和表现,例如在绘画、音乐创作、戏剧表演等方面。这种评价方式不仅可以帮助学生了解自己的不足之处并加以改进,还可以为教师提供反馈意见,以便更好地指导学生的学习。同时,美育评价还可以采用多主体参与的方式进行。除了教师评价外,还可以引入学生自评、互评等方式,让学生对自己的学习情况有更清晰的了解,同时也可以促进不同学生之间的交流与合作。此外,家长也可以参与评价过程,与教师一起关注孩子的成长与进步。

(4) 美育课程评价的逻辑思路为通过价值逻辑("以美育人"的价值判断)、功能逻辑("增值赋能"的功能实现)和内容逻辑("知情意行"的内容呈现)三重逻辑来引领;教学内容以遵循美育规律、传承优秀文化、聚焦审美与人文素养的提升等角度进行选取;教学方法则基于真实情境、注重过程追踪、鼓励审美实践的任务驱动,以尊重差异、因地制宜、建构多元共存的判断尺度作为基本原则,强化反馈、改进、激励功能,实现美育评价赋能,实现个体增值,促进全面发展,强调"以美育人"的价值引领。[1]

---

[1] 尹爱青、刘畅、柳欣源:《增值赋能:中国特色学生美育评价的逻辑理路与实现路径》,《东北师大学报》(哲学社会科学版) 2022 年第 6 期。

三、艺术体验与实践类课程实例分析

（一）"艺术的启示"（清华大学）

课程简介：作为清华大学第四批标杆课程、清华大学通识荣誉课，该课程致力于消除艺术与生活的隔阂，消除艺术与公众的隔阂，让艺术像阳光、空气和水一样，孕育和滋养每一个人。学生几乎都是艺术零基础、从未拿过画板的人，但在老师的引导下，每个学生都能迅速发现自己原来有那么好的艺术潜质，学会用心灵去感受和学习绘画，表达对美的感受，从而培养了新的思考习惯，打破固有的理性思维局限，在艺术中让感知力"觉醒"。

课程特色：在引导学生敬仰艺术、热爱艺术的同时，更注重学生独立思考能力的引导和思辨能力的培养。从阅读、欣赏优秀的艺术作品开始，学生要学会判断、学会分析、学会质疑。从制作自己的艺术作品开始，学生要体会创意、体会创作、体会创新。实践环节在增强学生审美素养的基础上，设置更加多样的实践活动，诸如观展、写生，甚至不局限在美术门类，也会运用其他艺术门类的实践方式帮助学生感受艺术、接触艺术，继而提升他们的感知力和鉴赏力。

成绩组成：

表 5-7 "艺术的启示"课程的考核方式及成绩评定

成绩组成	考核/评价环节	分数占比	考核/评价细则	教学目标
课堂笔记成绩＋绘画实践成绩＋写作成绩	课堂笔记	33%	以学生在通过课程学习艺术的过程中，是否学会独立发现问题、提出问题、解决问题为考核主要依据	学生应该具有较强的思辨能力，他们要在聆听的同时观察，在观察的同时思考，并随时应对随之而来的对于他们已有艺术价值观的各种挑战
	绘画实践	33%	以实践完成情况及画面效果为考核依据	培养学生的动手实践能力
	写作	34%	以提交一篇关于艺术家及艺术作品分析的论述作业为考核依据	培养学生独立思考的能力

评价解读：

本课程的理论教学与实践环节紧密相连，其具体内容由"听、说、读、写、画"五个部分构成，这五个部分也成为评价教学质量的关键指标。这些组成部分不仅为教学活动提供了多元化的方式，同时也为课程提供了更多的延展性。

(1) 评价"听"。"听"并非单纯指学生在课堂上的出席情况，更重要的是学生在课堂上能否真正理解并掌握所学内容。每次上课前，教师会预先发放教学大纲，并鼓励学生在听课过程中随时记录下自己的想法和观点，以便在课程结束时形成一份个人的"思考笔记"。

(2) 评价"说"与"读"。"说"和"读"的环节更多地发生在课下。通过助教的引导，学生们可以开展讨论，深化对课堂知识的理解。教师还会为学生挑选各种阅读资料，包括文字和绘画，以帮助他们更全面地理解和掌握相关知识。

(3) 评价"写"和"画"。"写"和"画"是实践环节的核心，也是最终考查的重点。这两项任务不仅要求学生运用所学技巧进行表达，更重要的是展现他们的思维过程。本门课程对"写"的内容并没有特别限制，只是要求学生真实自然地表达自己的心声。同样，"画"作为思考与讨论后的视觉化尝试，也以"思维"为核心。

本门课程的考查没有固定的标准或考试制度，而是从学生个体出发，强调他们是否真诚地努力了，以及他们是否通过文字和图像两种方式展现出了自己的思考过程。换言之，更看重的是学生的创造性和独立思考能力，而非刻板的记忆或复制。[1]

（二）"舞蹈认知与体验"（清华大学）

课程简介："舞蹈认知与体验"是面向清华大学全体学生的选修课，广受学生喜爱与好评。它不仅是一门舞蹈技能课，也是一门以提高学生全面素质为目标的课程。通过舞蹈作品欣赏和课

---

[1] 详见清华大学新雅书院官方网站。

例实践，让学生走进舞蹈、认识舞蹈，并理解舞蹈中的情感因素。其最终目的是使学生在学习过程中得到智力的开发、情感素质的培养和美的享受。

课程特色：本课程适合舞蹈零基础的学生，采用课例教学，每一个课例都有明确的主题和舞蹈要素知识点，在不同的限定条件下引发创作。另外，本课程对于有舞蹈基础的学生来说也是一种全新的体验。教师在教学方面以提升素质为目的进行启发式教学，通过身体引发思考和创作。

成绩组成：平时成绩＋随堂考查（汇报展示）

评价解读：

"舞蹈认知与体验"课程属于艺术创造性课程，评价应从以下三个主要维度进行。

（1）知识维度的评价。这一维度主要关注学生的学习态度以及知识掌握程度。教师可以通过课堂表现、作业、测试和参与讨论等方式，评价学生对所学知识的理解和应用能力。

（2）能力维度的评价。这一维度强调过程性评价和多元化能力评估。教师可以根据学生在课堂上的参与度、讨论质量、活动表现以及所完成的作品等方面进行评价。此外，教师还可以通过观察学生在小组合作、项目实践和社会实践等活动中的表现，全面了解学生的团队合作能力、问题解决能力、创新能力和批判性思维等多种能力的发展情况。

（3）价值维度的评价。这一维度关注学生作品的艺术表现和创作过程中思考的深度。教师可以通过分析学生作品的内容、创意、技术运用和视觉效果等方面的情况，评价学生的创造力和艺术表现力。同时，教师还可以关注学生在创作过程中是否能引发人们积极的感受，以及作品是否能传递出一定的文化内涵和社会价值。

综上所述，美育课程评价应充分考虑不同类型的艺术课程以及评价维度的选择，以确保评价结果能够全面反映学生的实际能力和素质发展情况。通过科学合理的评价，更好地促进学生的个性发展和艺术素养提升。

（三）"自媒体创作与艺术实践"（西北工业大学）

课程简介："自媒体创作与艺术实践"是西北工业大学艺术教育中心开设的一门针对全校本科生的审美与艺术类通识课，共32学时。本课程主要包括自媒体概述、媒介技术与艺术发展史、自媒体艺术创作流程、自媒体人必备素养、自媒体艺术创作点拨（包括数字图像艺术、数字音频艺术、数字短视频艺术、数字动画艺术的制作与鉴赏）、自媒体艺术创作实践等内容。采用理论教学与实践相结合的方式，通过演示教学和实例点拨来呈现教学内容并实施教学环节，让学生在掌握自媒体创作理论的同时，能够运用数字化手段对媒体素材进行艺术化处理与创作，从而提升学生的媒介文化素养。

课程特色：（1）"艺""科"相融。以科技手法传扬艺术之美，用"艺术"之具象绘"科学"之抽象，"艺""科"相融，培养多元的审美素养。（2）"奇""真"相合。从"真实"生活出发，以创造性想象和创新型技术，构筑"奇幻"艺术世界，激发创造力和想象力。（3）"技""艺"相生。让"技术"为"艺术"搭建舞台，充分展示青年学子的创意思维和人文涵养，在小试牛刀中展现个人的奇思妙想。

成绩组成：

表 5-8 "自媒体创作与艺术实践"课程的考核方式及成绩评定

成绩组成	考核/评价环节	分数占比	考核/评价细则	评价目标
平时成绩＋期中成绩＋期末成绩	平时成绩	20%	课堂单元测验	检测学生知识、能力层面的掌握程度，使学生理解自媒体艺术的传播及价值
	期中成绩	20%	4个作品与相应的实践报告。要求：（1）运用自媒体艺术创作相关原理与知识，定位准确，内容有价值；（2）自媒体艺术创作有新意，有艺术性，注重学科的交叉融合；（3）选取适合的角度，结合自媒体艺术发展现状进行创作；（4）价值立场明确，清晰概括作品主题，形成独立观点	激发学生对自媒体艺术创作与传播的深入思考
	期末成绩	60%	期末创作1部联合作品，要求有创新性、艺术性、观赏性与趣味性	考查学生对自媒体艺术创作的认识，了解学生对本领域前沿方向的研究兴趣

表 5-9

评价模块	评价方式	评价目标
实践维度评价模块	提供丰富多样的艺术实践活动	让学生亲身体验艺术创作的过程和乐趣
互动维度评价模块	鼓励学生参与课堂讨论和互动	让学生在交流中迸发灵感和创意
创新维度评价模块	引入创新性思维训练	通过引导学生多角度观察、思考和表达,激发他们的创造性潜能

评价解读:

(1)通过课程的评价实现对学生参与性、体验性、创造性学习的引导。在本课程教学的过程中,学生的参与性、体验性、创造性学习是非常重要的。为了引导学生融入其中,美育教师可以尝试增添以下评价维度模块。

(2)本课程十分注重评价过程和教学过程的交叉融合。评价过程和教学过程的交叉融合是提高艺术教育质量的重要手段,也是保证课程评价有效性的重要途径。在教学过程中适时进行评估,教师可以及时了解学生的学习情况,以便调整教学策略。同时,学生也可以通过自我评估和同学互评,了解自己的学习进度和不足之处,从而更好地调整自己的学习策略。为了实现这种交叉融合,可以采取以下多元评价主体的方式实施评价。

表 5-10

评价主体	评价方式	评价目标
教师	定期组织课堂展示、作品评析等活动	了解学生的学习情况
学生	定期进行自我评估和同学互评	帮助学生更好地了解自己的学习情况，促进学生自我反思和互相学习
学校	定期组织校园艺术节、艺术展览、工作坊、一院一品等活动	为学生提供相互学习和交流的平台

（3）"以赛促教"作为一种有效的教学手段，运用于美育课程评价中，对于提高学生的艺术素养和促进学生全面发展具有重要意义。在具体实践的过程中，课程评价需要注意以下几个方面。首先，比赛计划要有明确的目标和实施方案，要与课程内容紧密相连，确保比赛内容与教学目标、评价标准相一致。其次，比赛过程中要注重学生的参与度和表现，鼓励学生发挥自己的创造力和想象力，同时也要给予学生适当的指导和帮助。最后，在比赛评价方面，要制定科学的评价标准，采用多种评价方式，如教师评价、学生自评、小组评价等，以确保评价结果的客观性和公正性。

第五节　美育课程评价指导建议

美育课程评价是美育课程编制的重要环节，对提高美育课程的质量和效果、促进教师专业发展和成长、增强学生审美能力和创造力、推动学校美育工作的开展以及促进学生全面发展都具有重要意义。

一、拓展艺术实践的评价维度

《关于切实加强新时代高等学校美育工作的意见》明确指出，学校美育工作不仅仅局限于美育或公共艺术课程教学，而是涵盖了实践活动、校园文化、艺术展演等多个方面，形成了一个"四位一体"的有机整体。因此，在美育课程评价的维度方面，应该考虑将公共艺术课程与艺术实践共同纳入人才培养方案中，并实行学分制管理，甚至还可以针对公共艺术课程与艺术实践设立毕业学分要求。

对于艺术实践，可以从实践活动的组织、学生参与度、实践成果的质量等方面进行评价。例如，可以对学生在音乐会、画展、戏剧表演等实践活动中的表现进行评价，了解他们在这些活动中的参与程度、技能水平、作品质量等方面的表现。同时，还可以通过对学生展示的作品、表演的录像、文字记录等资料的分析，了解学生在创作过程中的思考方式、问题解决能力等方面的表现。此外，还可以将校园文化、艺术展演等元素纳入评价维度中。例如,可以对学校艺术社团的活动情况、艺术氛围的营造等方面进行评价,对学生在艺术展演中的参与程度、表现水平等方面进行评价。这些评价维度的拓展将有助于全面了解学校美育工作的实际情况,为进一步提高美育工作的质量和效果提供有力的支持。

二、提升创新能力的评价权重

美育课程"以审美和人文素养培养为核心,以创新能力培育为重点"[1],艺术课程以落实核心素养为目的,确定以文化理解、审美感知、艺术表现、创意实践等为中心的艺术核心素养。其中,创意实践包括艺术创新和实践运用的双重能力。由此可见,提升美育课程评价中"创新能力"的测评权重是必然之举。针对时代发展对人的能力需求的变化,高校应积极探索以促进人的全面发展为旨归、以创新能力培育为重点的美育课程评价体系,可将涵盖创新人格、创新思维、创新学习、创新技能和创新实践五大维度[2]纳入其中并加大权重,以评促改、以评促学。

三、强化立德树人的评价根本

以人为本的美育将人的全面发展作为其最高目标,立德树人是中华美育精神的优良传统,也是美育的根本任务和美育评价的

---

[1] 国务院办公厅:《关于全面加强和改进学校美育工作的意见》。
[2] 钟柏昌、龚佳欣:《学生创新能力评价:核心要素、问题与展望——基于中文核心期刊论文的系统综述》,《中国远程教育》2022年第9期。

核心。美育课程评价要强化以立德树人为评价的根本,增强学生对中华优秀传统文化的领悟能力和阐释力;要关注以"文化理解"为核心的情感态度培养,扎根中华优秀传统文化,提升美育课程的思想性;要引领学生树立正确的历史观、民族观、国家观、文化观,陶冶高尚情操,塑造美好心灵,增强文化自信。

四、凸显育人过程的评价脉络

美育课程评价要始终把握美育"育人"这一本体属性,评价脉络要突显对育人过程的观照,让每一个学生都享有公平而有质量的美育教育。美育评价方式应坚持科学有效,讲究评价方法的多元性和适切性,让学生按照自己所擅长的方式来表达美,来积极愉悦地参加美育学业考试,这也合乎"各美其美"的原则。[1]美育课程评价应尽可能追求评价脉络的过程性,呈现出育人过程中人的主体性,并促使学生根据评价的阶段性结果实时作出调整,积极应对,更有效地实现个人的成长与发展。

---

[1] 赵伶俐、文琪:《以审美素养发展为目标的美育评价》,《湖南师范大学教育科学学报》2021年第3期。

第六章 高校美育活动的策划与指导

高校美育活动是高校美育工作的重要组成部分,是美育在课堂外的重要延伸和积极实践。高校美育活动既需要坚持立德树人,明确美育指向,坚持正确方向,以社会主义核心价值观为引领,以提高大学生的审美和人文素养为目标,弘扬中华美育精神,以美育人、以美化人、以美培元;也需要遵循美育特点和规律,在丰富多彩的审美活动中,激发大学生的艺术兴趣,培养艺术特长,发展审美能力,潜移默化地培育大学生高尚的审美观念。高校要注重面向所有学生开展丰富多彩的美育活动,让每一位大学生都有参与实践和体验美育的机会;还要不断创新,鼓励特色发展,开创"一校多品多节"的学校美育活动发展新局面,使高校普遍形成"周周有讲座、月月有活动、季季有演出、年年有节日、人人能参与"的美育活动新格局。

第一节 高校美育活动的释义与概述

近几年，随着国务院办公厅《关于全面加强和改进学校美育工作的意见》的印发，以及教育部《关于切实加强新时代高等学校美育工作的意见》《高等学校公共艺术课程指导纲要》等高校美育专项文件的相继颁布，高校美育工作在改革创新中不断发展进步。然而，高校美育活动作为高校大学生审美与人文素养提升的重要途径，也逐渐暴露出一些问题，例如目标不明确、参与人数少、主题缺乏引领性、形式单一低质化、难以形成特色品牌等。对此，高校要想在美育活动的建设上获得突破性进展，就需要实质性地提升对美育活动建设重要性的认知，对高校美育活动要有清晰的定位并充分掌握相关的基础理论，从而才能科学有据地实施高校美育活动。

一、高校美育活动的概念

高校美育是培根铸魂的重要工作，是在高等教育阶段提高学生审美能力和人文素养的重要路径，全面加强和改进美育是高等教育当前和今后一个时期的重要任务。随着高等教育进入高质量发展的新阶段，坚持内涵式发展成为我国新时代高等学校办学的基本要求。美育作为"五育"融合的育人格局中不可或缺的一环，在立德树人方面发挥着显著作用，是实现高校内涵式发展的重要途径。

美国著名哲学家、教育家约翰·杜威曾言："教育的问题就是要抓住他的活动并给予活动以指导的问题。通过指导，通过有组织的运用，它们就会朝着有价值的结果前进而不致成为散乱的，或听任其流于仅仅是冲动性的表现。"[1]高校活动是指在高等教育阶段，由高校内部组织或与外部合作举办的一系列有组织、有计划、有目的的活动，这类活动对大学生发挥着课堂教学之外的隐性教育的作用。据此，我们可以对"高校美育活动"的概念作出如下界定：从狭义上讲，高校美育活动是指在高等教育阶段专门为大学生开展的包括文学、音乐、舞蹈、美术、书法、戏剧等各类艺术形式的活动以及山水游历、草木品鉴等自然审美活动。从广义上讲，高校美育活动是高校美育在课堂外的重要延伸和积极实践，是具有育人功能并满足学生不同审美兴趣与需求的，能让学生进行美感体验和实践的全部身心活动的总和。

总的来说，高校美育活动是高校美育的重要组成部分，与"德、智、体、劳"四育的活动共同构成了丰富的高校校园文化活动，其中，高校美育活动又以其根本特征"情感体验"[2]及其独有的"审美性"与其他四育活动相区分。高校美育活动根据实际开展情况，大体可以归为两大类：通用型美育活动（如艺术节类、艺术展演类、美育讲座沙龙类等）和特殊型美育活动（如文化传承类、学科融合类等）。高校美育活动凭借多种艺术形式的呈现，旨在引导学生在掌握审美知识与技能外，提高审美的感

---

［1］约翰·杜威：《学校与社会·明日之学校》，赵祥麟等译，人民教育出版社，2005年，第42页。

［2］杜卫：《情感体验：美育的根本特征——当代中国美育基础理论问题研究之四》，《美术研究》2020年第3期。

受、理解、鉴赏、表现及创造能力,并不断提升审美与人文素养,从而培育出全面发展的时代新人。

需要说明的是:第一,高校美育活动与校园文化活动的关系。两者之间存在差异,但在某些方面又是交叉重叠的,从活动的目标、内容、形式、培养的重点以及影响范围来看,校园文化活动相较于美育活动而言更广泛多元。因此,可以简单理解为高校校园文化活动包含了高校美育活动。第二,高校美育活动与艺术活动的关系。把艺术活动直接等同于高校美育活动,是对艺术教育及美育的内涵与关系的错误认知。艺术教育是实施美育的重要途径,艺术类活动仅是开展美育活动的基本手段,而非唯一途径。因此,不可将艺术活动直接等同于高校美育活动。

二、高校美育活动的目标

高校美育活动的目标对指导美育活动的策划、筹备、组织、执行以及所呈现的育人成效发挥着关键作用。因此,厘清高校美育活动为什么做、要做什么以及要怎么做等核心目标,是开展相关工作的重要前提。

2019年4月2日,教育部印发《关于切实加强新时代高等学校美育工作的意见》,明确新时代高校美育工作的总体目标:"到2022年,高校美育取得突破性进展,美育教育教学改革成效显著,师资队伍建设和场馆设施明显加强,推进机制和评价体系日益完善,高校学生的审美和人文素养显著提升。到2035年,形成多样化高质量具有中国特色的社会主义现代化高等学校美育体系。"在深刻理解新时代高校美育工作整体目标的基础上,开展高校美育活动的目标可以从以下三个方面进行具体解析。

第一,高校美育活动为什么做?开展高校美育活动就是为了培养具有一定文化交流与理解能力、具有艺术鉴赏与批判性思维、具有审美感知与创造力及高尚人格修养的时代新人。

第二,高校美育活动要做什么?要在美育内容上实现创新突破,强化学生审美文化主体意识,与高校美育课程教学协同并进,并与其他高校美育建设工作共同构建具有中国特色、全覆盖、多元化、"一校多品"的现代化高等学校美育体系。

第三,高校美育活动要怎么做?相对于"为什么做"和"要做什么","要怎么做"对于美育实践工作的指导意义重大而深远,具体而言,有以下四点。

(1)要突出价值引领。高等教育是培养高层次人才的活动,高校美育要坚持正确的价值引领,也就是要重视经典艺术的育人作用,使高校美育保持文化品位的高层次,拒斥"低俗""媚俗",营造高雅厚重、活泼向上的高校美育文化氛围。

(2)要突出学科融合。美育活动要加强与德育、智育、体育、劳育相融合,立足"五育并举"实现融合育人。充分挖掘各学科所蕴含的丰富美育资源,有机整合相关学科的美育内容,推进课程教学、社会实践和校园文化建设深度融合,形成协同育人格局。因此,高校美育活动要树立学科融合理念,利用综合学科优势,结合高校人才培养的目标,优化美育活动的定位,注重正确价值观、必备品格和关键能力等多维育人目标的整合,设计系列美育主题的实践活动,更加突出和彰显美育活动的融合性、综合性、整体性，与立德树人的总体要求有效对接，形成尚美创新的校园文化。

（3）要优化体系结构。要健全面向人人的学校美育机制，让所有在校大学生都享有接受美育的机会，建设常态化、学生全员参与的艺术展演机制，大力推广惠及全体学生的合唱、合奏、集体舞、课本剧、艺术实践工作坊和博物馆、非遗展示传习场所体验学习等实践活动。因此，高校要围绕挖掘学科资源，注重体系化和丰富性，构建层次丰富、参与面广、与课堂教学贯通互动的美育系列活动，不断优化美育活动的体系结构。

（4）要优化活动形式。美育活动要凸显中华美育精神，加强价值引领；要创新活动形式，突出审美和创新能力的培养。因此，高校美育活动要围绕美育目标，精选内容、精心设计，实现主线贯穿、层次丰富、浸润体验，循序渐进。高校开展美育活动应该考虑四个并重，一是引领与普及并重，二是传统经典与地域特色并重，三是传统特色与时代特征并重，四是校内与校外并重。活动形式的设计既要考虑主题性、引领性，更要考虑参与性、覆盖面，要形成学生能参与的多层次、多类型、浸润式的活动体系。基于此，高校还要做到三方面的鼓励，一是鼓励开展科技融入美育的活动，二是鼓励学生参与优秀文艺作品的学习创作，三是鼓励美育活动紧跟教育改革，线上线下融合发展。

三、高校美育活动的原则

综合教育部、"两办"自 2019 年至 2022 年印发的美育专项文件，高校美育活动应当坚持如下三项原则。

1. 坚持正确育人导向

高校美育具有很强的意识形态属性。应将高校美育活动作为立德树人的重要载体，坚持以社会主义核心价值观为引领，弘扬中华美育精神，强化中华优秀传统文化、革命文化、社会主义先进文化教育，充分遵循美育特点，在美育活动中以美育人、以美化人、以美培元，引领高校学生自觉增强文化主体意识，培养出德智体美劳全面发展的社会主义建设者和接班人。

2. 坚持面向全体学生

健全面向全体学生的高校美育活动育人原则，缩小校际美育活动品质差距，丰富美育活动种类以及提高活动开展频率，让所有在校的高校学生都享有参与各项美育活动的机会。从整体上加强美育活动的分类指导，鼓励因地制宜、特色发展，形成"一校多品"的高校美育活动发展新局面。

3. 坚持改革创新

全面深化高校美育活动的综合改革，积极探索创造具有时代特征、校园特色、学生特点、教育特质的美育活动形式。整合校内外的美育资源，强化实践体验，形成充满活力、多方协作、开放高效的高校美育活动新格局。

第二节 高校美育活动的分类与组织

目前，国内对高校美育活动并未有明确的划分，结合近年来国家颁发的高校美育工作文件以及国内高校的美育活动实际情况,现将美育活动整体归为两种——通用型美育活动、特色型美育活动,并总结出一套适用于不同高校特色和需求的美育活动组织模式。

一、高校美育活动的类型划分

高校美育活动分为通用型美育活动和特色型美育活动。通用型美育活动指适于大学生广泛参与的普遍性的美育活动,不受特定领域或特殊条件的限制,致力于培育和提升大学生的审美素养与基础的艺术技能,强调大学生的参与性与愉悦性。特色型美育活动则侧重于某种特定的主题、内容或形式,并在特定的条件下,为大学生提供有针对性的美育活动。

(一)通用型美育活动

高校通用型美育活动丰富多彩,较常见的主要有九个大类:艺术节、校园仪式、艺术展演、艺术体验、艺术比赛、艺术团活动、美育沙龙讲座、高雅艺术进校园、美育主题工作坊。

1. 艺术节

校园艺术节美育活动是由学校组织、相关部门主办或承办的校园艺术活动的统称,是在学校内举办的一种综合性艺术活动,是学生展示才华、参与艺术表达和欣赏的平台。各学校根据学生情况定期开展校园艺术节,如诗歌文化节、微电影节、校园文化艺术节、合唱节、舞蹈节、川剧艺术节等,以营造校园艺术氛围。

2. 校园仪式

校园仪式类美育活动是在学校内特定时间举行的一种正式或庄重的主题活动，旨在通过有仪式感的布置和活动的举行，培养学生的美感、礼仪意识以及团队协作精神。常以不同形态呈现，如新生入校典礼、颁奖礼、运动会开场秀、五四青年节庆祝活动、快闪等，建立学生对校园的认同感与归属感。

3. 艺术展演

艺术展演类美育活动是一种在公共场所或特定场馆中举办艺术表演或展览来促进大学生对艺术的理解、欣赏和体验的美育活动。高校艺术展演涵盖了音乐、美术、舞蹈、戏剧、摄影、朗诵等多个领域，如校园文化艺术展演、草坪音乐艺术汇、毕业歌舞会、室内乐专场校园公益演出、多媒体艺术展示等。

4. 艺术体验

艺术体验类美育活动是通过实际参与来感受、理解和欣赏艺术，增进大学生对艺术美的认知和情感体验的美育活动。让大学生在亲身参与的过程中体验艺术的魅力，激发出创新思维，如艺术品观展、艺术品创作、实地采风、艺术游戏与互动等。

5. 艺术比赛

艺术比赛类美育活动是通过评选和竞争并获得荣誉或奖励的方式，让学生展示艺术才华和创造力，提升学生艺术技能和审美能力的美育活动。无论是学校或是学院，常根据其学科性质、学生艺术水平，选择如下艺术专业（业余）比赛项目：校园歌手大赛、戏剧小品比赛、主持礼仪比赛、器乐比赛、朗诵比赛、绘画书法比赛、平面设计比赛、摄影比赛等。

6. 艺术团活动

艺术团活动类美育活动是指在校内组织喜爱艺术的学生参与到相关团体里，通过统一管理，安排学生进行艺术训练、演出、比赛等有组织的活动。旨在培养和展示学生在各种艺术形式上的才华和创造力。各高校就学生意愿成立艺术团，大多设有合唱团、舞蹈团、话剧社、美术社、辩论队等艺术实践团队，有条件的还可成立交响乐团、民乐团、电声乐团等；也可根据各地方特色成立带有文化传承倾向的艺术团队，如戏曲社（各地方戏曲社、皮影戏社、木偶社）等。

7. 美育沙龙讲座

美育沙龙讲座类美育活动是指由艺术教师和艺术家发起的小型美育交流沙龙或大型美育经验分享讲座。其中，沙龙可以每一期做一个与美育相关的专题，例如音乐、戏剧、舞蹈、书法、绘画作品交流等，学生参加人数为30—50人不等。讲座以美育专家或业内权威人士以专题报告形式为学生作艺术经历或作品的讲解、分享活动，学生参与人数多为200人以上。

8. 高雅艺术进校园

为加强美育，提升学生的审美和人文素养，自2006年起，教育部、文化部、财政部以"走近大师、感受经典、陶冶情操、提高修养"为主题，在全国高校联合开展"高雅艺术进校园"活动。活动重在普及古今中外艺术领域的经典作品和优秀成果，突出强调传承弘扬中华优秀文化艺术，注重弘扬社会主义核心价值观，"以美育人、以文化人"。活动一开始就注重内容有别于流行文化和时尚娱乐文化，体现艺术品位；形式上突出现场演出与专家讲解相结合、艺术欣赏与知识普及相交融。活动主要包括艺术院团演出、实施"美育浸润行动计划"、中华优秀传统文化传承基地建设。[1]

9. 美育主题工作坊

美育主题工作坊是一种以特定的艺术、文化或审美主题为内容，通过专业人士的引导和组织，为大学生们提供亲身体验的美育实践活动。让大学生通过动手操作、创作等方式，深入探讨特定的美育主题，培养其审美感知能力及艺术创造力，如绘画创意工作坊、摄影与视觉艺术工作坊、音乐创作与表演工作坊、手工艺品制作工作坊等。

（二）特色型美育活动

高校的特色型美育活动主要由文化传承类、学科融合类以及社会服务类构成，从而形成独具校园品牌特色的美育活动。

1. 文化传承类

文化传承类美育活动是指以传承、弘扬具有民族特色、地域特色、校园特色等内容为目的，以传统艺术、技艺、习俗等为主题的活动。这类活动通过校地合作、校馆合作的模式，让大学生在美育老师的指导下了解和感受特定文化的独特魅力，推动优秀传统文化的传承与发展，如带学生去美术馆参观、利用当地艺术场馆拓展美育教育课堂、邀请博物馆专家来校开展一场讲座等。

---

[1] 李月：《"高雅艺术进校园"的十年之路：以美育人 以文化人》，《中国文化报》2017年3月16日第7版。

部分高校可以利用地域优势，将非遗文化融入高校美育工作，在校设立非遗文化传承基地，因地制宜地开展特色美育活动，如北京师范大学的呼伦贝尔"非遗进校园"活动、西安交通大学的"丝路起点　文明根脉"的陕西非遗文化交流活动、广西艺术学院的非遗舞蹈传习活动等。

2. 学科融合类

学科融合类美育活动是指通过跨学科的方式将艺术与其他学科领域的知识、技能和理念结合起来进行探索和创作，从而促进学生的综合能力发展的活动。此类美育活动主要依托"校校合作"与"校企合作"模式，拓展学生的学科视野，促进教育与产业之间的互动与交流，提升学生的创造力。例如：北京大学与中国音乐学院合作创立"中国乐派名家讲坛·燕园弦歌"品牌，展开系列专题音乐会；电子科技大学和四川美术学院举行 iArt 联合教学与创作成果展；武汉学院与两点十分文化传播有限公司合作推动数字媒体艺术发展；北京师范大学未来设计学院与李宁集团合作研究服饰设计；长沙文创艺术职业学院与种梦音乐说唱公司合作促进学生音乐表演的实践体验。

3. 社会服务类

社会服务类美育活动是以服务社会为目的，通过艺术、文化等形式，为社区、群体或个人提供艺术教育、文化体验等服务的活动。这类活动旨在通过美育手段，深化高校社会服务职能的内在需求，促进高校与社会的资源融合与共享，既利于社会成员的文化素质的提升，也丰富了大学生的社会文化生活体验。例如新疆师范大学的"石榴籽计划"乡村美育推广项目[1]、四川美术学院的"美丽乡村建设"项目[2]。

二、高校美育活动的组织流程

高校美育活动的组织流程通常包含研讨策划、筹备布局、组织分工、正式执行、复盘总结五个关键环节。如下为每一关键环节的主要内容,普遍适用于绝大多数的高校美育活动,具体操作时应做适当取舍。

(一)活动研讨策划

1. 确定活动主题:如"文化传承与创新""青春激扬"等。

2. 确定活动形式:如展演、沙龙、讲座、比赛等。

3. 确定活动目的:如提升学生艺术修养、促进文化艺术交流等。

4. 确定活动宗旨:如面向人人等。

5. 确定活动的时间与场地:既要考虑日期、天气等,也要考虑室内外环境状况。

6. 确定活动对象:如毕业晚会主要面向全校的毕业生。

7. 确定到场的嘉宾、主讲人、志愿者等。

8. 确定活动内容:编制详细的活动方案。

---

[1] 孔倩倩,刘菲:《高校美育服务社会路径研究——以"石榴籽计划"新疆乡村美育推广项目为例》,《新美域》2021年第3期。
[2] 白乡林:《大学生服务乡村振兴的实践路径探索——以四川美术学院为例》,《农村·农业·农民》2022年第10B期。

9. 预算准备：依据活动内容制作活动预算表，确定经费来源。

10. 资源协调：协商讨论所需资源，如主办承办方、设备、参与人等。

（二）活动筹备布局

1. 安排场地和设备：依据活动的主题及形式选择合适的场地，并准备所需的器材和道具，如大型晚会需要提前制定视觉图、安装灯光和音响等。

2. 邀请活动嘉宾：联系美育名家、艺术家、美育教师等参与活动。

3. 设计宣传用品：制作宣传海报、宣传单、宣传视频等。

4. 线上线下齐宣传：确定好宣传渠道和方式，如线上通过校内外媒体、公众号、社交媒体宣传，线下利用桁架、易拉宝等海报宣传。

5. 培训志愿者：招募并培训学生或教职员志愿者，协助组织活动。

6. 制定详细流程：结合实际情况反复演练以修订更完善的议程。

7. 信息整合公布：结合嘉宾及高校学生的具体情况，合理安排活动的时长，并及时与嘉宾、学生沟通。

8. 活动流程彩排：不断演练，寻找活动漏洞并完善。

（三）活动组织分工

1. 流程管理：安排专业人员对接演出、展示、比赛等环节，包括节目的内容、形式、完成的最后时间等，并制定详细的活动流程。

2. 质量监管：对活动内容、演出节目内容、设备质量效果等进行监督把控。

3. 秩序管理：安排相关人员负责管理现场秩序，指导志愿者维持活动现场的秩序和安全，解决可能出现的问题，并对现场可能出现的状况做应急预案。

4. 设备维护：安排相关专业人员负责音响、灯光等设备的维护和现场应急。

5. 嘉宾接待：专人负责到场嘉宾的邀请工作，并安排志愿者团队接待、引导嘉宾入场。

6. 物料管理：依据活动的内容准备所需物料，如翻页笔、麦克风、奖杯、证书、对讲机等。

7. 文案审核：专人负责活动文案审核工作，包括主持人台词、背景板文字、PPT文字、宣传文字等与本次活动相关的一切文字内容。

8. 影像记录：从活动筹备到活动结束，全程需要专人拍照和摄像记录，便于留存资料和发布活动信息。

（四）活动正式执行

1. 灵活应变处理：活动按计划执行，关注现场应急情况并及时作出处理。

2. 现场提前布置：按照筹备计划进行现场布置，包括舞台搭建、灯光和音响测试、播放内容投屏等。

3. 确保准备就绪：现场出现的文案，在观众席分发的节目单、宣传页、晚会氛围道具等。

4. 嘉宾接待落座：由负责接待嘉宾的老师或志愿者引导嘉宾入场落座。

5. 现场秩序管理：由志愿者引导观众入场，并维护现场的秩序，大型活动需要由安保部门负责现场安保工作，确保活动安全、顺利进行。

6. 现场流程监管：督促参与者提前到位，保证参与者在休息区、化妆场地等候；安排专门的催场人员及时通知、引导活动表演者上场，以保证活动各环节流畅。

7. 活动记录宣传：拍摄照片、视频等记录活动过程，并及时发布宣传材料。

8. 现场机动准备：安排专门的志愿者应对突发状况，协助控场。

（五）活动复盘总结

1. 复盘活动效果：收集活动参与者的反馈意见，评估活动的成功度和改进空间。

2. 筹备总结报告：整理活动的数据，编写总结报告，并提出下次活动的建议。

3. 感谢与奖励：对所有参与活动的嘉宾表示感谢，对表现突出的参与者、志愿者等给予适当的奖励。

三、高校美育活动的组织示例

高校美育活动组织以电子科技大学校园诗歌艺术节为例。

（一）活动策划

1. 确定活动主题："俯拾皆诗"。由"俯拾皆是"而来，寓意诗意无处不在、诗句俯首可得的校园文化氛围。

2. 确定活动形式：校园诗歌文化艺术节，在鼓励原创的前提下，接收文本诗、影像诗两种形式的诗歌作品。

3. 确定活动目的：促进师生间的诗性文化艺术交流，提升师生的审美素养。

4. 确定活动宗旨：面向人人，多元融合。

5. 确定活动的时间与场地：室内场馆与室外布景结合使用。

6. 确定活动对象：面向全校师生。

7. 确定到场的嘉宾：讲座嘉宾四人、表演嘉宾五人。

8. 确定活动内容：为期一周的诗歌艺术节，活动形式丰富多样，主题鲜明，包括"诗意校园"讲座（四场）、知名校友诗人专场诗会、"俯拾皆诗"诗歌比赛、"爱乐之成"草坪诗歌音乐会、诗歌摄影作品展、"诗意校园"游园活动。

9. 预算准备：依据活动内容制作活动预算表，确定经费来源。

10. 资源协调：协商讨论所需资源，如主办承办方、设备、参与人等。

（二）活动筹备布局

1. 安排场地和设备：讲座及比赛安排在大会堂，作品展及游园活动安排在露天的校园活动广场，音乐会选在草坪上进行，并对应其中的每一类型小活动分别布场。

2. 邀请活动嘉宾：著名诗人、著名钢琴家、著名音乐人、美育名家。

3. 设计宣传用品：制作诗歌艺术节的总海报及各活动板块的宣传海报、传单、宣传视频等。

4. 线上线下齐宣传：编辑包含活动内容及邀请嘉宾信息的活动预告，线上通过校园文艺公众号、校园美育网站等进行宣传，线下利用桁架、易拉宝等海报进行宣传。

5. 培训志愿者：招募并培训教职员及学生志愿者，使其熟悉每一板块活动的具体要求及个人任务。

6. 制定详细的流程：完整的活动包含活动开幕式、四场系列讲座、草坪音乐会、摄影活动和短诗作品展、游园活动以及闭幕式暨颁奖礼，落实到每一个活动需要更细致的流程。

7. 成立筹备团队：以学校、成都人民广播电台为主办单位，大学生文化素质教育中心、党委宣传部、美育名师工作室为承办单位。

8. 社会资源整合：诗歌艺术节得到省朗诵演讲艺术发展促进会、市阅读协会、知见诗社等社会文化团体的大力支持，引进评委、导师进行作品筛选和指导，遴选出优秀的原创作品在报刊上进行宣传推广，给参赛师生提供更大的平台。

9. 活动流程彩排：不断演练，寻找活动漏洞并修复。

（三）活动组织分工

1. 流程管理：由主办部门设立专门团队跟进各环节，各环节的相应部分需要厘清该活动板块的总体流程。

2. 嘉宾接待：安排专人对接外请的嘉宾，对于参加演出的嘉宾需要沟通演出节目类型、灯光需求、话筒需求、是否需要配主持人、是否有既定的文案、是否有视频资料需要播放、何时彩排等，例如有的嘉宾需要提前进行乐器调音，有的嘉宾需要提供沙发、桌子、台灯等小道具，有的嘉宾对户外布景有天幕、灯带等的需求。

3. 质量监管：在充分讨论和考察后制定诗歌比赛的详细章程，对作品征集的形式、作品主题要求、时长要求、音视频规格要求、征集截止时间等作出详尽的规划。

4. 文案审核：节目组负责人应对现场所有文案进行审核把控，包括嘉宾的演讲题目、内容，主持人的文案，宣传册文案，媒体宣传文案等。

5. 秩序管理：提前联系学校相关场地安保负责人选，设定参演人员、嘉宾、观众的进出通道，设立引导线。

6. 设备管理：提前联络各环节需要的灯光、音响、视频等设备的提供者，保证活动前设备和设备管理人员按时按需到场并保障活动顺利进行。

7. 物料管理：依据活动所需物料进行准备，如翻页笔、麦克风、奖杯、证书、对讲机、奖品、小道具等。

8. 影像记录：安排好对应的摄影和摄像人员，并在筹备环节开始进入，拍摄各个环节的画面作为重要的影像资料留存。

9. 设计团队：设计活动主图（LOGO、色彩、字体等），选择印制展架、宣传册、文化衫等，设计团队的工作包括现场布置。

10. 宣传团队：活动前负责进行多次预热宣传，发布诗歌比赛章程。

（四）活动正式执行

1. 现场提前布置：舞台搭建、灯光音响调试、观众席分发节目单和氛围小道具等。

2. 确认到场嘉宾：由对接的志愿者将嘉宾迎入活动场地。

3. 确认工作人员到岗：提前确认比赛选手、志愿者、主持人、摄影摄像工作人员、礼仪队等到位，保证参与者在工作区或休息区等候。

4. 安保部门提前就位：疏通校道，划定通行线路，维护现场秩序。

5. 摄影摄像全程跟拍：需提醒摄影摄像的工作人员，对开场前演员、观众进行抓拍，演出中对嘉宾以及嘉宾与学生的互动进行特写，结束后拍摄合影等。

"俯拾皆诗"校园诗歌艺术节活动执行如下：

1. 活动开幕式：校友诗人翟永明专场诗会作为开幕，邀请嘉宾孔祥东、冯乔、迟阿娟同台演出；活动地点在学校大礼堂，到场学生 1000 余人。

2. 活动系列讲座之一：主讲人孔祥东（著名钢琴家），讲座题目为《古典也流行》，讲座地点为学校大礼堂，到场1000余人，现场使用钢琴、LED大屏幕。

3. 活动系列讲座之二：主讲人陈修元（诗人、三星堆博物馆原副馆长），讲座题目为《探秘三星堆文明》，讲座地点在图书馆报告厅，到场600余人。

4. 活动系列讲座之三：主讲人宋修见（中央美术学院教授、美育研究院院长），讲座题目为《在诗歌中远行》，讲座地点在图书馆报告厅，到场600余人。

5. 活动系列讲座之四：主讲人李怡（四川大学文学与新闻学院院长、教授），讲座题目为《中国新诗与现代生活》，讲座地点在图书馆报告厅，到场600余人。

6. "爱乐之成"草坪音乐会：邀请著名音乐人陈彼得和著名主持人、歌手冯乔，地点在湖边草坪，观众600余人。

7. "阿娟带你拍成电"摄影活动和短诗作品展：嘉宾迟阿娟（资深摄影人、四川女摄影家协会副主席）带领学生拍摄校园美景，收集投稿的诗歌作品制作成展板在校园内主干道旁展出。

8. "感受诗意"游园活动：为"俯拾皆诗"文化节点题，让脚步慢下来，采撷俯首可得的诗句、感受身边的诗意、感受生命的美好。

9. 闭幕式暨颁奖礼：揭晓作品征集活动的各奖项，邀请来自四川省朗诵演讲艺术发展促进会、成都阅读协会的诗人与艺术家代表到场致辞，为获奖师生颁奖并与获奖师生同台诵读获奖诗歌作品。

(五）活动复盘总结

1. 复盘活动效果：活动结束后由学生记者对现场的嘉宾、表演者、学生观众等进行随机采访，听取意见、建议。此外，"俯拾皆诗"校园诗歌文化节收到 300 余件投稿，覆盖人员 5000 余人；短诗展览和摄影展吸引众多学生驻足观看，草坪音乐会现场观众最初为 300 人，随后循声而来的观众 300 余人，共 600 余人。活动由"中青在线"和"封面新闻"等媒体进行专题报道，就该活动对传统文化的传承及传承形式的多样性和创新性给予了高度评价。

2. 筹备总结报告：整理活动的完整数据，编写总结报告，并汇总活动中存在的问题，提出改进措施。

3. 感谢与奖励：对于远道而来的嘉宾致以谢意，对于表现突出的比赛参与者和学生志愿者等分别给予适当的奖励。

第三节　高校美育活动的案例鉴析

一、艺术节案例鉴析——以西北工业大学校园戏剧节为例

西北工业大学是一所以培养"航空、航天和航海"领域"总

师型"人才为特色的行业型"双一流"大学。学校艺术教育中心积极推进和参与"总师育人文化"建设，以戏剧为抓手，深耕西北工业大学文化，开展系列话剧创作活动。近年来，学校遴选典型人物事迹，相继创作和演出了《寻找师昌绪》《华航西迁》《大国之蓝》《康继昌》等话剧，用戏剧讲述西北工业大学故事，传承西北工业大学文化，弘扬科学家精神，受到了国内高校的广泛关注。

（一）活动概况

主题：2023年校园戏剧节——正式推出原创校园话剧《大国之蓝》

时间：2023年4月9日—23日

地点：西北工业大学长安校区

内容：2023年，校园戏剧节精彩纷呈。4月9日，戏剧节以原创话剧《寻找师昌绪》拉开大幕；随后，戏剧节举办了首届高校通识性戏剧教育研讨会，高校戏剧教育专家齐聚西北工业大学就戏剧通识教育进行研讨；开展了原创话剧《大国之蓝》的首演和专题创作研讨会；京剧《三岔口》专场演出、秦腔工作坊、脸谱工作坊、形体工作坊、《茶花女》音乐沙龙等精彩呈现。为时两周的丰富多彩的活动吸引了众多学生参与，反响热烈。西北工业大学文化在校园蓬勃生长，科学家精神和中华美育精神在学生心中生根发芽。

原创校园剧《寻找师昌绪》是以西北工业大学著名校友、"中国材料学之父"师昌绪院士为原型人物倾力打造的作品，入选"共和国的脊梁——科学大师名校宣传工程"、教育部思政司高校原创文化精品推广行动计划。《大国之蓝》以西北工业大学"全国高校黄大年式教师团队"、自主水下航行器团队故事为素材，以科技工作者群像为主体，展现了科技工作者们爱国、创新、求实、奉献、协同、育人的精神风貌。两个原创话剧的演出集中展示西北工业大学多年来戏剧育人的工作成果，别具意义。

（二）特色、亮点

西北工业大学校园戏剧节是美育培根铸魂的生动实践，已经成为校园美育品牌活动，育人成效显著。

1. 深耕校园文化

发现、发掘学校具有代表性的人物和故事，提炼出有意义的教育内容，通过话剧创作，演绎故事、传播文化、展示精神，再配合讲座、沙龙、工作坊等系列话剧相关活动，让校园戏剧节在塑造价值的同时，培养学生的审美力和创造力。尤其是将戏剧人物的塑造与学校"总师型"人才培养的鲜明特色紧密结合，为校园文化深入学生思想精髓提供了重要支撑，育人效果显著提升。例如，原创校园剧《寻找师昌绪》演出结束，现场反响热烈，掌声不断。剧中，师昌绪带领科研团队积极研发，推动了我国材料科学的大发展；后因国防事业迫切需求，80岁的师昌绪再一次勇挑重担，突破技术难关，取得重大科技成就，填补国内技术空白。师昌绪以无比崇高的科学追求，奏响了21世纪科技工作者实现高水平科技自立自强、建设世界科技强国的进行曲，是当代科研工作者和新时代的青年学子当之无愧的榜样，也是西北工业大学立志培养"总师型"人才的校园文化的典型代表和真实写照。

2. 培育优秀团队

西北工业大学大学生艺术团成立于2005年,是在西北工业大学校团委直接领导下,由西北工业大学学生自发组织的文艺类社团。该社团以"丰富校园文化生活,提高学生艺术修养"为宗旨,通过组织同学们参与各类文艺活动,使同学们在轻松愉快的氛围中提高自己的艺术修养和审美情趣。为了在2023年校园戏剧节正式推出《大国之蓝》,社团精心组织,在全校选拔热爱戏剧的学生参与创作、排练、演出。团队大多是零表演基础的理工科学生,同学们用钻研科学的态度学习表演,用实干精神投入排练,废寝忘食、精诚协作,为全校师生献上了一场堪称专业级的精彩演出。整个创作过程不仅磨炼了剧组人员的配合默契度、积累了丰富的表演经验,更在理工类校园掀起了戏剧创作表演的热潮,增强了学生热爱戏剧、勇于表达的信心。

3. 彰显美育价值

为培养学生的家国情怀,凝聚实现中国梦的文化力量,西北工业大学艺术教育中心持续创作、引进优秀作品,强化以美促智、艺术与科学相结合的艺术实践机制,不断开拓立德树人的美育路径,为学校培养德智体美劳全面发展的社会主义建设者和接班人贡献力量。本次戏剧节的原创话剧《大国之蓝》选用西北工业大学真人真事为创作题材,学生团队从故事挖掘、人物采访、内容提炼、创作手法等方面全面参与,深度了解题材的感人事迹,用艺术创作讲述和演绎真实故事,传播、传承西北工业大学精神。整个过程以学生为主,每个环节都是一次美育。身边人身边事,真实鲜活,加上艺术化呈现,感染力和激励性更为显著,彰显了西北工业大学戏剧育人实实在在的成果。

(三)育人成果

2023年校园戏剧节的举办对学生产生了多方面的积极作用。首先,校园戏剧节为学生提供了一个展示自我、锻炼才能的平台。通过参与戏剧的排练和演出,零表演基础的学生可以在实践中提升自己的演技、台词功底、舞台表现力等专业技能,增强自信心和表现力。这对培养学生的艺术修养和审美情趣具有重要意义。其次,校园戏剧节促进了学生之间的交流与合作,培养了团结互助的精神。在戏剧的排练和演出过程中,学生们相互协作、配合默契,共同为演出的成功付出了努力。此外,校园戏剧节还有助于传承校园文化、弘扬主旋律。通过演绎经典剧目或原创剧本,学生们可以深入了解学校的历史和文化,增强对学校的归属感和认同感。同时,主题和内容积极向上的戏剧作品还可以引导学生树立正确的价值观和人生观,促进他们的全面发展。最后,校园戏剧节也是学生放松身心、缓解学习压力的重要途径。在紧张的学习生活中,参与戏剧的排练和演出可以帮助学生放松心情、调节情绪,提升生活质量和幸福感。

特别是在本次校园戏剧节上正式推出的话剧《大国之蓝》,是学校艺术教育中心以"全国高校黄大年式教师团队"、自主航天器团队勇攀科学高峰为国铸剑的感人事迹倾力打造的话剧作品,也是"土生土长"的校园作品。担任剧本创作和话剧导演的都是艺术中心教师，所有演员都是西北工业大学的研究生和本科生。学生在演绎中加深了对西北工业大学文化的认同，明白了西北工业大学为国铸剑的使命与担当，并立志成为"低调务实、兼收并蓄、厚积薄发、为国铸剑"的"总师型"人才。戏剧节也开拓了立德树人的美育路径，不断推进学校"总师型"人才的培养。

二、艺术展演案例鉴析——以浙江艺术职业学院的舞蹈与戏剧节目为例

浙江艺术职业学院是一所入选"双高计划"的公办全日制综合性高等艺术职业院校。学校继承了优良的办学传统，不断开拓创新，致力于打造原创性艺术精品。2021年，浙江艺术职业学院选送的戏曲节目《珍珠塔·失塔》和舞蹈节目《东流山上杜鹃红》在教育部举办的全国第六届大学生艺术展演活动中获一等奖，展现了学校艺术团队雄厚的艺术原创能力、技艺技能实践能力和综合舞台艺术展示能力。

（一）活动概况

主题："奋斗·创新·奉献"全国第六届大学生艺术展演活动

时间：2021年5月6日—13日

地点：四川省成都市

内容：2021年5月6日—13日，全国第六届大学生艺术展演活动在四川省成都市隆重举办。在本次展演中，浙江艺术职业

学院选送的戏曲节目《珍珠塔·失塔》和舞蹈节目《东流山上杜鹃红》斩获一等奖,同时浙江艺术职业学院也是此次浙江省获得艺术表演类项目一等奖的唯一一所职业院校。其中,戏曲节目《珍珠塔·失塔》以深厚的历史底蕴和精湛的表演技艺,生动地展现了中国传统戏曲的魅力和韵味,赢得了在场观众的热烈掌声,也获得了专家评委的充分肯定。另外,舞蹈节目《东流山上杜鹃红》是以浙江宁波籍幸存女战士毛维青的视角来述说新四军战友们的点滴故事,在皖南事变发生80年后,向观众艺术化地呈现当年这些新四军女战士们在恐怖的环境中,为了共产主义事业不怕牺牲的动人场景,深深打动了在场观众。

(二)特色、亮点

浙江艺术职业学院的艺术展演活动具有多种特色,这些特色不仅体现在活动的多样性和丰富性上,也体现在活动对学院教学理念和专业特色的充分展示上,具体体现在以下几个方面。

首先,浙江艺术职业学院的艺术展演活动形式多样,包括音乐会、戏剧表演、服装秀等,充分展示了学院在各个艺术领域的专业实力和教学资源。这些活动不仅为学生提供了展示自我才华的平台,也为观众带来了高质量的艺术享受。

其次,这些展演活动紧密结合学院的教学理念和特色。例如,音乐系的展演活动就包括了大型民族管弦乐音乐会和竹笛专场音乐会,这既展示了学院在音乐领域的深厚底蕴,也体现了学院对传统民族音乐的重视和推广。同时,戏剧表演、服装秀等活动也充分融合了学院的专业教学和实践经验,为观众呈现了高水平的艺术表演。

再次，浙江艺术职业学院的艺术展演活动还注重与社会、企业的合作，通过"特色项目"等方式强化校企、校地和校校合作，推出了一系列具有社会影响力的项目。这不仅拓宽了学院的教学资源和实践平台，也为学生提供了更多的实践机会和就业渠道。

最后，浙江艺术职业学院的艺术展演活动还注重传承和创新。学院在保持传统艺术形式和表演风格的同时，也积极探索新的艺术形式和表现方式，如将传统戏曲与现代科技相结合，推出新的表演形式和作品。这种传承与创新的结合，不仅体现了学院对于艺术发展的前瞻性和创新性，也为观众带来了新颖独特的艺术体验。

浙江艺术职业学院的艺术创作团队从作品的策划到比赛展演的全过程，展示了浙江艺术职业学院在全国大学生艺术展演活动中以文化人、以美育人的价值追求，为兄弟院校提供了非常好的示范案例。

1. 作品选题紧扣时代背景

2021年，全国第六届大学生展演活动以"奋斗·创新·奉献"为主题，向党的百年华诞献礼。浙江艺术职业学院在编排节目前，创作团队查阅了大量资料，决定以皖南事变为历史背景，精心挑选出具有感染力与呈现力的动人故事，经过对人物、结构、情节、服装等多方面设定的反复修改，向观众艺术化地呈现当年新四军女战士们为共产主义事业不怕牺牲的动人场景。舞蹈节目《东流山上杜鹃红》就是这样一个紧扣时代主题的优秀艺术作品。

2. 作品内容传承优秀文化

戏曲节目《珍珠塔·失塔》来源于问世一百多年且常演不衰的经典故事《珍珠塔》，其唱词优美抒情，别具江南水乡风韵，艺术水平极高，是对越剧的文化传承。此外，通过曲折动人的故事情节，该节目巧妙地引领观众深入反思中华传统美德"孝、礼、仁、爱"在育人方面的深刻意义。

3. 作品展演传递专业精神

戏曲节目《珍珠塔·失塔》的主演同学在演绎雪天打斗情节时，为了真实呈现角色情感，不惧风险，全力以赴表现高难度的跌扑动作，不幸摔倒致当场昏厥。助演同学敏锐应变，巧妙地利用推搡动作将剧情继续下去，同时成功将主演同学推醒，主演同学也凭借坚强的意志力和对艺术的执着，坚持完成了剩余的表演。两位表演者展现了演员间深厚的默契与专业素养，是艺术之光的最真实写照，也赢得了台下观众的热烈掌声。

（三）育人成果

浙江艺术职业学院的舞蹈和戏曲节目所获的荣誉，是该校对艺术展演高度重视和不懈努力的直接体现。在作品的构思与创作过程中，学院不仅追求艺术形式上的创新和精致，更在培养人才的深层价值上展现了卓越的洞察力。学生们在排练的过程中，不断克服困难，深入体验与探索角色的内心世界，直至与之心灵相融，将个人的成长与艺术的追求紧密相连。这一过程，不仅是对角色理解的深化，也是对自我认知的提升。节目从策划到排练再到最终获奖,每一步都是对生命美学的深刻诠释,成为一门关于人生、艺术与美的生动教育课程。

三、艺术体验案例鉴析——以电子科技大学美育浸润行动"钢琴校园"建设计划为例

电子科技大学是教育部直属、"双一流"建设重点大学。学校秉承"让科学插上艺术的翅膀"的美育工作理念,在全校实施"美育浸润计划",包括"美育空间、美育活动、美育平台"的系列建设,以全方位的美育浸润,涵养和激发学生创新潜能。2021年,学校启动了"钢琴校园"建设计划,到2023年已完成两批建设,在校园公共空间安放了20台钢琴,建设了一批钢琴小屋,全天候对学生开放,满足了学生对艺术体验的需求。校园美育浸润行动得到学生的高度赞扬。

(一)活动概况

主题:"美遇成电,文艺校园"钢琴校园建设计划——钢琴小屋开放日活动

时间:2023年3月29日

地点:电子科技大学

内容:2023年3月29日,电子科技大学举办了钢琴小屋开放日活动,正式推出"钢琴校园"第二期计划。"钢琴校园"计划是学校"美育浸润计划"的重要内容,学校计划在校园内以各种方式投放钢琴,以满足学生对艺术的体验和展示的需求,全面浸润学生。该计划于2021年启动,得到了校友的慷慨捐赠和鼎

力支持。

钢琴小屋是学校"钢琴校园"建设第二期计划,学校精心设计,选择在校园最美的学生众创空间旁的草坪上搭建小木屋,里面放置钢琴供同学们使用。建设了6个钢琴小木屋,以6个著名音乐家命名,包括贝多芬、莫扎特、德彪西、肖邦、李斯特和巴赫。优美的环境和漂亮的钢琴小屋为美丽的电子科技大学增添了艺术之美,吸引了众多学生的参与,成为学生们感受美、体验美的好去处,也成为学校的网红打卡点。

(二)特色、亮点

1. 唤醒审美感知

在电子科技大学的校园里,"钢琴校园"建设计划如一股清泉,缓缓流淌,唤醒学生对美的感知。音乐浸润心灵,学子们漫步于校园的每一个角落,透过琴声感受旋律的起伏,对音乐美的本质和形式有了更深刻的认识。在这个过程中,学子们从被动的审美接受者转变为主动的审美探索者,开始关注校园的细微变化,发现身边事物之间的和谐关联。

2. 收获美的体验

钢琴小屋不仅是校园的一道亮丽风景,更是美育的重要组成部分。这些户外的小木屋,以其独特的造型和体验功能,赢得了学生们的广泛赞誉,成为校园内全新的拍照和体验的打卡热点。钢琴小屋内外环境的精心营造,视觉、听觉与体验的完美融合,共同构成了一个各美其美、美美与共的校园美育画面,让每一位学子都能在其中得到心灵的慰藉和审美的启迪。

3. 激发创造潜能

音乐是激发想象力的翅膀，它能在工科院校的学生心中播下创造的种子。工科院校的专业性决定了学生必然会承担繁重的课程和作业，在此过程中，学子们需要在音乐的陪伴下找到情感的宣泄和灵感的源泉。优美的旋律沁入心田，能引发情感上的共鸣，同时也有助于激发学生无限的创造潜能，让思维在艺术的熏陶中自由飞翔。

（三）育人成果

电子科技大学坚守学校人才培养的宗旨，秉持"让科学插上艺术的翅膀"的理念，精心策划并启动了钢琴小屋美育浸润计划。钢琴小屋项目给学校人才培养工作带来了多方面的成效，主要体现在以下四个方面。在艺术素养提升方面，通过提供一个优雅、宁静的环境，鼓励师生们接触并欣赏音乐艺术。这种接触不仅能够培养师生们的音乐鉴赏能力，还能够提升他们的艺术素养和审美水平。在创新思维激发方面，艺术与创新相互启发，师生可以在欣赏音乐的同时，激发创新思维和灵感。这种跨学科的交融有助于培养具有创新思维和跨学科视野的人才。在促进身心健康方面，音乐具有治愈和舒缓的作用。钢琴小屋项目为师生们提供了一个放松身心、缓解压力的场所。在这样的环境中学习和生活，有助于提升师生们的身心健康水平。

钢琴小屋的开放迅速受到学生、校友以及社会的关注和好评，成为校园内探讨音乐与美的一个重要话题。随着预约钢琴体验的学生人数不断增加，校园的公共空间常常洋溢着悠扬的琴声，这无疑是对美育浸润校园理念的完美诠释。通过将美育融入校园文化建设，电子科技大学不仅提升了学生的审美鉴赏力，培育了学子们的高尚情操，还激发了学子们创新创造思维潜能，为培养全面发展的新时代人才奠定了坚实基础。

四、艺术讲座案例赏析——以复旦大学开展的"大美中国"美育系列讲座为例

复旦大学，作为国内顶尖的综合性大学，一直致力于培养学生的审美鉴赏力、文化素养以及对国家的认同感。在这一目标的引导下，学校的学生工作部和教务处联合推出了"大美中国"美育系列讲座，与上海大剧院艺术中心携手，共同探索和展示中国深厚的历史文化底蕴和现代美育发展成就。这一系列讲座借助优质的文化资源，邀请校外专家进入校园，为学生呈现了一场场引人入胜的文化盛宴。自"大美中国"美育系列讲座启动以来，已经成功举办了《国乐之美》《海派芭蕾美丽绽放》《浅谈中国画》《我@轻音乐》等主题讲座，吸引了大量师生热情参与。这一系列讲座已经成为复旦大学的一个文化品牌，它通过层层深入的科普讲解、人文共鸣和情感激发，帮助复旦师生培养高尚情操，塑造美好心灵，增强文化自信。

（一）活动概况

主题："大美中国"美育系列讲座之《国乐之美》

时间：2022年11月29日

地点：复旦大学相辉堂

内容：为了充分利用上海市的优质文化资源并加强校内外联动，复旦大学与上海大剧院艺术中心秉承"优势互补、资源共享、协同合作、开拓发展"的合作原则，共同签订了合作协议。这一合作旨在建立一个持久的文化培养机制。2022年11月29日，双方在复旦大学相辉堂举办了合作共建签约仪式及"大美中国"美育系列讲座之《国乐之美》开幕活动，并邀请了上海民族乐团团长罗小慈为现场观众带来国乐台前幕后的精彩"故事"。复旦大学希望借助讲座的开展带领师生深入探索中国丰富的历史、自然和文化魅力，传递艺术大师们的理念和奋斗故事。活动内容涵盖音乐舞蹈的基础知识、经典剧目介绍、作品演出和名家互动等，旨在全面加强美育教育，提高复旦学子的审美素养和创新能力，丰富他们的精神世界。

（二）特色、亮点

1. 校馆协同以美育人

在追求卓越的教育理念指引下，复旦大学与上海大剧院艺术中心携手合作，共同开启了一种创新的文化教育合作模式——馆校协同育人。通过这一模式，双方资源互补、优势共享，共同规划并实施了一系列高质量的艺术教育活动。复旦大学借此机会，将丰富多彩的社会艺术资源引入校园，为师生提供了一系列精彩纷呈的艺术讲座，让全校师生不仅在视听中领略中华文化之美，还通过校内外的课程教学、实践活动、校园文化及艺术展演等多种渠道，体验"四位一体"的艺术普及教育新机制。

2. 构建高质美育生态

紧密结合本校的人才培养战略,复旦大学致力于构建一个高水平、多样化的校园美育生态。通过邀请国内外著名艺术家亲临校园,面对面地向学生传授艺术知识,普及艺术教育,还通过艺术家的现场演绎,让学生们亲身体验到艺术创作的魅力,深刻感受到艺术语言的无限可能。此外,通过举办各类艺术实践活动和经验交流会,不仅极大地丰富了学生的校园生活,也有效激发了学生的创新思维和艺术探索欲望,为他们开辟了一条通往艺术殿堂的宽广大道。这一系列活动,不仅加深了学生对艺术美的理解和感知,也为他们的全面发展和创新能力的提升奠定了坚实的基础。

(三)育人成果

"大美中国"美育系列讲座实现了美育讲座与艺术课堂教学的无缝衔接,体现了校馆联动在以美育人主题上的清晰思路和丰富成果。这种模式不仅示范性强、导向明确,还有效利用了丰富的艺术资源,极大地激发了学生对美的深刻情感体验和共鸣,从而促进了创新和创造力的提升,培养了高尚的情操,塑造了美好的心灵。讲座现场的学生纷纷表示有"拨云见日,余音绕梁,回味无穷"之感。可见,复旦大学"大美中国"美育系列讲座是成功的讲座范本,这种教育方式显著提升了学生的整体艺术欣赏与审美鉴赏能力,成为推动校园美育建设的关键力量。

五、艺术团建设案例鉴析——以清华大学的学生艺术团建设为例

清华大学是中国最著名的高等学府之一，不仅拥有百年历史和卓越的学术声誉，其在艺术教育和文化建设方面的成就亦达到了全国领先的水平。清华大学学生艺术团是清华大学的文艺代表队，是学校实施艺术教育和美育教育的第二课堂。学生艺术团由校团委直接领导，由艺术教育中心负责艺术指导和教学，现有12支队伍，共有团员1400余名，覆盖全校所有院系。在半个多世纪的征程中，清华大学学生艺术团开展了艺术团建设论坛、学期艺术团骨干研讨会、艺术团集中班大会、寒假集训汇报展示等形式多样的艺术团建设活动。以清华大学学生艺术团建设为载体的美育实践，在清华大学人才培养和一流大学建设中发挥了重要作用，成为全国高校的旗帜和标杆。

（一）活动概况

主题：清华大学学生艺术团2023年寒假集训

时间：2023年2月13日—19日

地点：清华大学

内容：清华大学学生艺术团2023年寒假集训，是一个深度融合艺术实践与团队建设的全面培训的周期活动。此次集训通过一系列精心设计的环节，提升了全团成员的凝聚力与团结意识。2023年2月13日，清华大学学生艺术团寒假集训召开了动员会，并于2月19日圆满落幕。作为学生艺术团建设的重要渠道，

寒假集训包括了动员会、业务训练、业务讨论、联合党组织生活、汇报演出等环节。集训伊始的动员会奠定了集训基调，为全团明确了清晰的训练目标和团队精神；业务训练与讨论环节成功引导艺术团成员在专业导师的业务指导下提高技艺与技能；通过联合党组织生活来强化成员们的价值观；全程紧凑的训练与闭幕时的汇报演出，精进了队伍业务水平，提升了全团凝聚力，为学生艺术团新学期的演出赛事等各项工作奠定了良好基础。

（二）特色、亮点

1. 注重业务传承

清华大学学生艺术团深知业务传承的重要性，致力于建立一个系统的知识和技能传承机制，强调教师和学生、高低年级、新老队员间业务传承的重要性。寒假集训的一个重要职能即提升各队业务水平，加强业务传承与创新，为各项线下演出赛事和校内展演任务打好基础。艺术团各队须更注重对艺术的理解和感悟，确保各自风格和质量的稳定性，使得每一代成员都能在前辈的基础上探索和创新提升业务水平的新方式。

2. 强化全团意识

寒假集训的另一重要职能即将艺术团的理念和精神深植于每位成员心中。集体训练可以帮助队员快速熟悉并融入队伍，促进各队间的有效沟通交流，提升队员对队伍和全团的认同感、归属感，加强队伍建设，强化全团意识。这种全团意识的提升，不仅增强了团队的凝聚力和向心力，也为艺术创作提供了更加丰富多元的视角和灵感，使艺术团的表演更加精彩和多样化。

3. 发挥纽带作用

在学生艺术团党支部联合组织生活会（扩大会议）上，艺术教育中心主任赵洪做了"做新时代校园美育的先锋"专题党课，引导同学们深入理解美育的重要内涵和育人作用。艺术团希望通过寒假集训鼓励成员们以学生艺术团为桥梁纽带，在校园美育事业中持续发光发热，作出更多贡献。

（三）育人成果

清华大学学生艺术团2023年寒假集训在2月19日圆满结束。艺术团成员们的热情和动力也得到了充分激发，对各自的艺术领域有了更深入的了解，也在一定程度上拓展了艺术视野。闭幕时的汇报演出不仅展示了清华学子的艺术才华，也传达了学生艺术团独特的团队精神和文化追求。演出获得了现场观众的热烈反响，这是对艺术团成员们辛勤训练的肯定，也是对艺术团教育成果的充分认可。通过这次寒假集训，清华大学学生艺术团不仅在艺术技能上得到了显著提升，在团队建设、价值观塑造等方面也取得了丰硕的成果。这次集训进一步证明了艺术团建设在校园文化建设和美育建设中的重要作用，为推动校园文化的发展贡献了力量，同时也为成员们的个人成长和全面发展奠定了坚实的基础。

六、高雅艺术进校园案例鉴析——以中央音乐学院的高雅艺术进校园为例

中央音乐学院是中华人民共和国成立后创办的第一所培养高级专门音乐人才的高等学府。作为一支依托于高校的职业乐团，

中央音乐学院交响乐团积极响应与落实"高雅艺术进校园"工程,旨在将高雅艺术融入校园文化建设,提升校园文化品位,丰富校园文化生活,达到艺术教育"润物无声、育人无形"的效果。迄今,乐团"高雅艺术进校园"演出已举办数十场,足迹覆盖全国几十余所院校,普及观众几十万人次。活动紧紧围绕"立德树人 美育启智"这一主题,并积极弘扬社会主义核心价值观,广受各界好评。

(一)活动概况

主题:"立德树人 美育启智"高雅艺术进校园活动——哈尔滨站

时间:2023年6月12日—16日

地点:哈尔滨五所高校

内容:在教育部体育卫生与艺术教育司的直接指导和黑龙江省教育厅体育卫生与艺术教育处的大力支持下,2023年6月12日,中央音乐学院交响乐团"立德树人 美育启智"高雅音乐进校园之哈尔滨巡演拉开帷幕,第一站走进哈尔滨工程大学。当晚,中央音乐学院交响乐团为该校师生奉献了一场编排丰富、含金量极高的音乐盛宴,能容纳1068人的启航剧场座无虚席。随后的四天里,中央音乐学院交响乐团陆续为哈尔滨师范大学、东北林业大学、东北农业大学、哈尔滨理工大学带去了视听盛宴。中央音乐学院交响乐团通过对巡演曲目的精心编排和创新,演奏了不同时期、不同类型的音乐作品,让更多师生近距离接触中外经典音乐文化,满足广大学生对精神生活的更高追求,凝聚大众的爱国意识与民族自豪感。

（二）特色、亮点

1. 提振民族文化自信

巡演的曲目与乐器的精心挑选，体现了民族音乐与传统文化的独特魅力。中央音乐学院交响乐团在演出中巧妙穿插音乐风格讲解、交响乐发展史介绍，以及各声部乐器的展示等环节，观众不仅能直观地了解交响乐的多元构成，更深刻体会到了音乐那能深入人心的奇妙力量。音乐会上，交响乐团展现了异域音乐风格与中国民歌的有机融合，呈现出多样化与民族化的演奏风格，这不仅提升了民族文化自信，也为观众呈现了一场视听上的文化盛宴。

2. 发挥艺术辐射效应

此次"高雅艺术进校园"的交响乐巡演实现了与多所高校的艺术节联动，极大丰富了校园艺术节的内容，使更多师生得以近距离接触高雅艺术，感受到民族音乐与传统文化的深厚底蕴。一些参与高校甚至将演出录制为教学资料，供音乐专业学生在课堂上学习，这一做法充分展示了中央音乐学院的专业水平和"高雅艺术进校园"活动的广泛影响力，并有效推动了多所高校美育工作的深入开展。

（三）育人成果

中央音乐学院的"立德树人 美育启智"高雅艺术进校园活动，在哈尔滨五所高校中掀起了一股欣赏高雅艺术的热潮，给众多师生留下了深刻的印象。特别引人注目的是,演出中巧妙地融入了"交响乐团各声部乐器介绍"环节,乐团的演奏家们向观众展示了不同乐器的独特形态,并通过演绎耳熟能详的古典与流行音乐片段,引发了观众的强烈共鸣。这不仅使观众直观地认识了各声部乐器,更在音乐的深层次触动下,体验到了那种直击灵魂的奇妙力量。音乐会现场,掌声如雷贯耳,喝彩声持续不断,观众沉浸在艺术的世界里,久久不愿离去。此次高雅艺术进校园巡演,通过经典艺术作品的展演,不仅培育了青年学生的高尚情操,引领他们树立了正确的审美观念,更使得这一代青年在高雅艺术的熏陶下变得更加积极向上。这场巡演不仅是一次艺术的盛宴,更是一次精神的洗礼,为校园文化建设和青年美育教育注入了新的活力和动力。

七、馆、校、地合作大美育案例鉴析——以西南大学的馆校联动大美育为例

西南大学是国家布局在中西部的高水平综合型大学。为进一步加强学校美育工作,提高学生的审美和人文素养,促进学生全面发展,学校坚持统筹资源、协同共建,充分挖掘学校美育、社会美育联动的最佳综合体——场馆美育资源,因地制宜进行城乡统筹的美育课程资源系统综合开发、建设和利用,提出"统筹城乡·馆校联动大美育"的理念,形成多方共建的美育长效工作机制。西南大学美育研究院始终坚持科学的"大美育观",近年来努力发挥自身优势,深入推进"中国乡村美育行动计划",在赋能美丽乡村建设、弘扬和传承中华优秀传统文化等方面作出了积

极贡献。

（一）活动概况

主题：西南大学——建设"学校乡村美育博物馆"

时间：2023年1月28日

地点：重庆北碚

内容：2023年1月28日，西南大学美育研究院与四川美术学院艺术教育学院，会同清华大学等六所高校的美育学者们到重庆北碚开展新时代美育工作交流指导活动。在西南大学美育研究院院长赵伶俐教授带领下，学校美育学者分别来到西南大学美育研究院以及全国首家美育博物馆——"学校乡村美育博物馆"（柳荫艺库）参观。千余件作品立足本土、包罗万象，涵盖乡土文化、生态文化和农耕文化等，极具特色。活动中，学校美育专家团队重点对五所首批中国乡村美育博物馆群美育分馆的学校进行了"一对一"的帮扶指导，专家学者们就西南大学美育研究的历史渊源、未来方向，以及重庆北碚区多年来坚持开展的"统筹城乡·馆校联动大美育"活动进行了深入交流。

（二）特色、亮点

1. 融合构建美育新课程

在推进美育课程的创新与发展中，馆校联动策略有效拓展了美育的广度与深度，通过充分利用旅游景区、文物景点、博物馆等地域资源，将馆日活动、社团研学、旅游展览等多样化形式融入美育课程之中。这种做法不仅为师生、家长乃至社区居民构建了一个全覆盖的大美育课程体系,也通过博物馆等文化资源的整合使用,为美育课程注入新的活力,构建起一个内容丰富、形式多样的美育课程新格局。

2. 创新实施美育新探索

通过场馆与学校资源的紧密整合及人文与自然资源的有机融合,"馆校合作"模式展现了其在教育形态和内容上的灵活性与多样性,有效地补充和丰富了传统学校教育。以中华美育精神为核心价值导向,城乡统筹、馆校联动的大美育教学不仅在内在逻辑上展现出准确的视点、协调的结构和清晰的层次,而且在外在表现上形象、生动、新颖且富有创造性和愉悦感。

3. 强化保障美育新机制

"馆校合作"模式作为美育新机制的一种创新实践,体现了场馆与学校之间为了达成共同的美育愿景而紧密合作的理念。这种合作不仅采取了"一方主导"与"双方互动"的策略,还巧妙地将线上与线下的教育资源和活动融合起来,创造了包括"博物馆学校"在内的多种合作模式。这一新机制突破了传统美育的界限,展现了其独特的开放性、综合性、主题性和多样性。

(三)育人成果

西南大学的"馆校合作"模式,基于场馆与学校的共同需求而设计,构建了一个以双方协同教学和资源共享为核心的合作平台。这一模式不仅丰富和多元化了人才培养方式,而且充分体现了西南大学对科学"大美育观"的坚持和推崇。通过积极推进"中国乡村美育行动计划",西南大学不仅孵化出众多艺术精品,还显著提升了整个区域的美育质量,其改革实验取得了显著成效。此外,这些美育成果还反哺于全区的大美育推进,为美丽乡村建设及中华传统文化的弘扬和传承作出了重要贡献,展现了西南大学在地方文化振兴和教育创新方面的积极作用和显著影响。

八、学科融合美育案例鉴析——以电子科技大学的 iArt 辅修专业建设为例

电子科技大学是一所以工科为主、以电子信息科学为特色的多科性研究型大学。为培养出综合型新工科人才,学校教务处与大学生文化素质教育中心于 2019 年联合推出了新型人才培养项目——"交互新媒体艺术"辅修专业。该专业强调"科技"与"艺术"的跨界融合,以海量的在线教育资源为依托、跨学科的综合项目为内容、校内—校际—校企间大量的师生互动和动手实践为手段,意在培养面向未来、基础扎实且兼备艺术修养和动手能力的全新型工程师。

(一)活动概况

主题:"科学"与"艺术"的跨界融合

时间:2019 年至今

地点:电子科技大学

内容:电子科技大学 iArt "交互新媒体艺术"辅修专业植根学校现状,提出了"新工科+新艺术"的培养目标和教学方式,力图在充分利用现有基础条件的前提下,通过适度变革,培养适应新时代和社会需求的创新、实干、跨界型人才。在培养内容

上，方案切实覆盖了校内各主要工科学科、艺术基础、管理基础、人文选修课，并增加了交互技术类课程以支持作品创作；在培养方式上，方案使用结果导向的工程项目群来完成知识和技能的传递。在培养过程中，学校会为辅修学子举办开班仪式，采用大量多学科融合的实训，邀请跨专业的校外教师来校开设讲座，带学生到合作的校外文创产业园参访学习，将学生们设计的交互新媒体作品送到联展会上陈列等。这是一个打破学科壁垒、促进工程专业教育与美育融合融通、创新领航实践探索的重要美育教学改革案例。

（二）特色、亮点

1. 跨界融合

打通校园限制，跨学科联合培养，定向企业联合培养。要求进入深化培养阶段的学生进入相关企业实习，并设置反思环节和进阶课程。这种教育模式通过精心设计的大型、多学科综合项目，进一步激发学生对原专业和交叉领域，尤其是艺术与科技融合方面的学习热情。这样的跨界融合不仅为学生开辟了一个探索艺术创造力和科技创新能力结合的新视野，也将他们的原专业学习推向更高的层次。

2. 进阶式导向

采取了先进的进阶式导向教育模式，该模式精心设计了海选和筑基两个关键阶段，旨在精准筛选出最适合这种跨界培养方式的学生。在此基础上，课程进一步强调了学生主导的教学理念，通过导师个别指导、MOOC、工作坊等多元化教学资源相结合的方式，全面支持学生的学习和实践。这种教育模式旨在深化学生的自主学习能力和实践操作能力，为学生提供一个从基础到进阶的系统学习路径，确保他们在新媒体艺术领域的创新能力和实践能力得到有效提升。

3. 培养"交付"能力

紧密围绕积极学习、自主学习、团队协作等多种目标，以结果导向的工程项目群实现体验式、自驱式学习，培养出来的毕业生，具有积极主动、自学能力强、动手能力强、善于团队合作、上岗就能解决问题的素质。让学生们在动手的过程中体验项目的运行和作品的实现，增强好奇心和求知欲，激发学习热情，促进主修专业的学习。

（三）育人成果

电子科技大学 iArt "交互新媒体艺术"辅修专业在培养环节上巧妙地融合了工程技术与艺术美学，在实训环节的设计上充分考虑了校企合作的模式，并通过与四川美术学院、四川音乐学院等院校的跨校联合，为新工科改革路径提供了进一步的充实与验证。目前，电子科技大学联合四川美术学院，已完成"破壁""超验植入""无界漂移"三届联合教学与创作成果展，全面诠释了科技与艺术的大幅跨界和深度融合。2023 年 5 月，在成都美术馆举办的大型作品联展不仅吸引了众多观众，也在网络上引起了广泛关注。这些成就充分证明了新辅修专业的体系能够经受实践的考验，同时具有强大的适应性和广泛的推广潜力。这种不断优化和创新的教育模式，为学生提供了一个跨学科、多元化的学习平台，不仅培养了他们的技术技能和艺术创造力，也为他们的全面发展和未来职业生涯奠定了坚实的基础。

九、社会美育服务案例鉴析——以广东省外语艺术职业学院艺术教育学院美育模式为例

广东省外语艺术职业学院是一所以外语和艺术为特色的高等职业院校，学校在四十余年的办学历程中积淀了重视美育的人文底蕴。作为培养未来"美育之师"的二级学院，学校的艺术教育学院重视探索新时代高职院校的美育模式。近年来，在总结美育经验的基础上，着力构建了"岗服融通"的美育模式。这一模式在艺术类专业重视技能训练与艺术展演的基础上，结合职业教育的办学规律及教育类专业的育人要求，积极探索"社会服务育人"的新形式，将岗位职业能力的培养与美育社会服务有机融合，在为学生创造更多实践平台与资源的同时，也推动了相关地区、相关领域美育生态环境的改善。

（一）活动概况

主题："岗服融通"美育模式

时间：2020 年至今

地点：广东省外语艺术职业学院

内容：广东省外语艺术职业学院艺术教育学院在推进"岗服融通"的美育模式时，遵循"一核二拓三融入"的原则，务求使美育社会服务的开展与学生的职业核心素养和专业核心能力的培养有效融通。"一核"，即以艺术教育类专业人才的培养目标和岗

位职业能力要求为核心,围绕这一核心组织开展相关美育社会服务。"二拓",是指不断拓展与其他教育领域(德育、智育、体育、劳育)的融合以及拓展美育在文教领域的社会服务形式。"三融入",是指积极以美育为载体传播中华优秀传统文化、革命文化和社会主义先进文化(简称"三种文化"),形成学校美育与社会美育的联动关系。

(二)特色、亮点

1. 社会服务育人

提出"社会服务育人"的理念,不仅拓宽了对美育的理解,而且促进了学生成长与社会服务的相互融合和共同发展。这一理念有效联动了学校美育与社会美育,一方面,通过推动"岗服融通"的高职院校美育模式建设,强调美育应深植于生活、贴近社会;另一方面,通过深化教学改革,采纳体验式学习、作品导向教学、项目式教学等方法,使美育实践与社会需求紧密结合,引导美育从课堂向社会实践转变,从技艺训练扩展至文化创新,从个人修养提升至奉献他人的高尚境界,激励学生成为美育的实践者、创新者和传播者。

2. 开发美育资源

聚焦体现"软实力"的文化与教育领域,通过提供多样化的高质量美育服务,建立美育品牌,既吸引了校内优质资源(如艺术大师、非物质文化遗产传承基地等)的加盟,也在校外拓展了定制化或共建共享型的美育实践项目和基地,形成了一个既促进学生个人发展又服务于文化教育事业发展的良性互动循环。打造美育服务品牌，吸引可持续发展的服务型美育实践资源。

（三）育人成果

"岗服融通"美育模式在广东省外语艺术职业学院教育教学中的育人成效显著。通过精心搭建的美育社会服务平台，架起了一座连接学校美育与社会美育的"彩虹桥"，深化了师生对社会美育需求及个人专业发展方向的理解。因此，师生更加自觉地迈向了"培育校园内美育的沃土，展现校园外美育的芳华"这一双重目标。这不仅促进了学院内部美育教学的创新与发展，也为学生的专业技能提升和全面成长提供了宝贵机遇，展现了广东省外语艺术职业学院在培育具有社会责任感和创新精神的美育人才方面的卓越成果。同时，美育实践资源的有效拓展，既开拓了学生的视野，丰富了学生的美育体验，加深了学生对于美育意义的认识，又积极推动了社会美育的发展，对不断改善社会美育生态环境产生了深远的影响。

第四节　中华优秀传统文化传承基地建设的案例鉴析

传统文化是一个国家、一个民族在岁月长河中的积累与沉淀，是价值追求、审美理念以及情感积淀的浓缩与精华。中华民族优秀传统文化是我们民族的"根"与"魂",它赋予了美育丰富的展示内容以及深刻的文化内涵,是高校美育的重要组成部分,因此,对中华优秀传统文化的传承及弘扬具有重要意义和作用。

一、中华优秀传统文化传承基地建设的缘起

2018年5月,教育部发布《关于开展中华优秀传统文化传承基地建设的通知》,"通知"提出,为深入贯彻落实党的十九大精神,深入推进中华优秀传统文化全方位融入高校教育,不断创新新时代高校传承中华优秀传统文化的理念、形式与方法,充分发挥高校文化传承创新的优势与作用,着力提高中华优秀传统文化传承发展的质量和水平,决定在全国普通高校开展中华优秀传统文化传承基地建设,支持高校围绕民族民间音乐、民族民间美术、民族民间舞蹈、戏剧、戏曲、曲艺、传统手工技艺和民族传统体育等传统文化项目建设传承基地。[1]

二、中华优秀传统文化传承基地建设的目标

坚持以习近平新时代中国特色社会主义思想为指导,充分发挥中国特色社会主义教育的育人优势,根植中华优秀传统文化深厚土壤,以社会主义核心价值观为引领,以立德树人为根本,以传承中华优秀传统文化为宗旨,进一步挖掘中华优秀传统文化价

---

[1]《教育部关于开展中华优秀传统文化传承基地建设的通知》,中华人民共和国教育部2018年第5号教体艺函。

值内涵，进一步激发中华优秀传统文化的生机与活力，进一步增强文化自觉和文化自信。2020年，在全国范围内建设100个左右中华优秀传统文化传承基地，探索构建具有高校特色和特点的中华优秀传统文化传承发展体系，在教育普及、保护传承、创新发展、传播交流等方面协同推进并取得重要成果。

三、中华优秀传统文化传承基地建设的原则

（一）坚持育人导向，突出价值引领

遵循高等教育规律，彰显美育特点和校园特色，以文化人，以美育人。面向全体学生普及与推广中华优秀传统文化，引领学生自觉接受中华优秀传统文化的熏陶，树立健康向上的审美观和正确的价值观，汲取中国智慧、弘扬中国精神、传播中国价值。

（二）坚持特色发展，加强内涵建设

立足地域传统文化特色，发挥高校自身资源优势，传承国家和地方非物质文化遗产，传承民族民间文化艺术、传统工艺，形成特色传承项目品牌。以提高质量为核心，在人才培养、科学研究、社会服务、文化传承创新以及对外合作交流等方面有机互动和相互支撑，提高传承基地建设水平。

（三）坚持改革创新，推动协调发展

坚持客观、科学、礼敬的态度，扬弃继承，在传承普及的内

容、载体、形式、手段上作符合时代特征的创新与发展，推动中华民族文化基因与当代文化相适应，与现代社会相协调，实现传统文化创造性转化和创新性发展。

（四）坚持协作联动，促进开放共享

充分发挥基地的平台和纽带作用，创新建设方式和管理模式，探索政府、学校、社会共建共享的中华优秀传统文化传承的长效机制，充分激发内生动力和发展活力，让中华优秀传统文化拥有更多的传承载体、传播渠道和传习人群。

四、中华优秀传统文化传承基地建设的任务

不同高校建设中华优秀传统文化传承基地的主题和切入点不同，建设任务就不同，取得的育人成果也就不同。我们以北大昆曲传承基地"教育部中华优秀传统文化（昆曲）传承基地"为例，介绍中华优秀传统文化传承基地建设的任务与成果。

昆曲与北大有着百年渊源，20世纪初，蔡元培、吴梅等热爱昆曲艺术的学者就曾将昆曲作为美育的重要内容引入北京大学，这是中国大学开设戏曲课程与昆曲传习之始。21世纪以来，北京大学加快昆曲传承及研究步伐，进入了纵深化发展的阶段，构建了新世纪昆曲成为"非遗"以来独特的高校昆曲传习模式。北大昆曲传承基地围绕六大建设任务，即课程建设、社团建设、工作坊建设、科学研究、辐射带动、展示交流，夯实了校园昆曲传承发展的基础，取得了显著的文化传承基地建设成果。

（一）课程建设

自 2010 年起，北京大学连续 13 年开设"经典昆曲欣赏"课程，这门课程采用讲座形式，邀请来自海内外的著名昆曲艺术家（绝大多数为国家级非遗传承人）与权威学者，每周一次，每学期共 15—16 次，选课人数达数百人，在北京及海内外有着较大的影响。此外，自 2016 年起，推出"'非遗'之首：昆曲经典艺术欣赏"网络课程，选课学校的学生不仅能在网络课程中学习昆曲，而且可以在见面课上，与邀请的昆曲艺术家近距离交流。目前，已有数十所院校的近万名学生选修过这一课程。

（二）社团建设

北大昆曲传承基地扶植的社团有北京大学学生京昆社、北京大学教工昆曲古琴协会、北京大学附属中学昆曲研习社，这些社团基本保持着"周周有活动、定期有汇报，期末有演出"的活动模式，在校内外重要活动中展现北大昆曲风采，营造了良好的校园昆剧文化氛围。例如，京昆社曾代表北京大学在以色列演出昆曲《游园惊梦》，并编创新剧《临川梦》及策划北大版《牡丹亭》进行公演。应国家文化部的邀请，北大版《牡丹亭》曾参加在上海戏剧学院举办的"2011 全国昆曲优秀中青年演员展演"。

（三）工作坊建设

北大昆曲传承基地常年不定期开展各种类型的名家大师工作坊，邀请著名昆曲表演艺术家、昆曲音乐演奏家、昆曲容妆师等开展昆曲大师表演工作坊、昆曲曲笛演奏工作坊、昆曲容妆工作坊等。邀请梁谷音、张继青、张洵澎等昆曲大师亲自教授骨干学员。经过这些名家大师的训练指导，骨干学员在昆曲表演、演奏、容妆等方面有了显著提升，成为校园昆曲传承的主要力量。

（四）科学研究

北大昆曲传承基地组织相关学者及专家常年进行学术研究与学术活动，累计已出版《昆曲欣赏读本》《白先勇与青春版〈牡丹亭〉》《牡丹情缘——白先勇的昆曲之旅》《京都聆曲录》《昆曲的声与色》《俞平伯说昆曲》《在北大听汤显祖》等昆曲研究相关著作，正在出版中的有《20世纪昆曲个案研究丛书》（10种）、《吴梅研究新集》、《在北大听汤显祖（二）》、《侯少奎画册》等。此外，北京大学昆曲传承基地与北京大学教务部、北京大学图书馆通力合作，进行昆曲教学资料数字化工作，北京大学教学网、北京大学图书馆均收录了昆曲课程。

（五）辐射带动

北大昆曲传承基地先后在北京大学附属中学昆曲研习社、昆山市石牌中心小学校小梅花戏曲艺术团设立了扶植培育基地，并针对两所学校的不同特点，开设了昆曲相关课程，还不定期举行有大学生、中学生、小学生参与其中的交流演出，形成了从小学到大学的完整的昆曲传承发展链条，受到了来自教育界与昆曲界的好评。

（六）展示交流

十余年来，北大昆曲传承基地与各昆曲院团开展积极合作，举办数场昆曲专场演出活动。此外，与江西省抚州市、江苏省昆山市等地及东京大学教养学部、清华大学、中国艺术研究院、国家京剧院、北京大学元培学院等机构等进行交流活动，积极对外传播昆曲文化，展示中华优秀传统文化的魅力。

（七）建设成果

北大昆曲传承基地排演校园传承版《牡丹亭》，为校园昆曲传承发展树立了典范。为培养更多昆剧表演人才，促进昆曲的校园传承与传播，从2017年起，北京大学开始排演校园传承版《牡丹亭》，并先后获得2017年度、2019年度北京文化艺术基金资助，在全国进行了16场的巡演。

校园传承版《牡丹亭》由著名作家白先勇担任总制作人、总策划，著名昆曲表演艺术家汪世瑜担任导演，以近年来对高校影响最大的江苏省苏州昆剧院青春版《牡丹亭》为蓝本，在舞台设计、服装、道具、化妆设计等方面进行了继承和小范围的创新。校园传承版《牡丹亭》由游园、惊梦、言怀、道觋、离魂、冥判、忆女、幽媾、回生九折组成；演员25人，演奏员14人，分别来自以北京大学为代表的北京16所高校和1所中学；演出时长约2小时30分钟。校园传承版《牡丹亭》影响较大，白先勇称之为"一出戏将观众变为演员"。通过校园传承版《牡丹亭》的编排、传习与巡回演出，组织多所高校的学生共同参与，一方面对爱好昆曲的学生进行高强度训练,提高了校园昆曲的水准;另一方面,这也是将观众转变为演员的"跨界"之举,将昆曲的受众转化为昆曲的传承者。演出所到之地场场爆满,看过演出的观众及专家均给予高度评价,该剧是中国传统的昆曲艺术与校园戏曲教育及戏曲学术研究有机结合的创新性实践,带动大量有志于此的青年学生参与其中,培养了大批热爱昆曲、具有专业表演才能的精英人才,同时引发青年学子对于传统文化的广泛关注,在各大高校掀起新一轮的"昆曲热"。北京大学的昆曲传承的实绩与方式,为昆曲这一中华优秀传统文化的传承发展贡献了积极力量。

正如习近平总书记所言,"中华优秀传统文化是我们最深厚的文化软实力,也是中国特色社会主义植根的文化沃土","应该把这些经典嵌在学生的脑子里,成为中华民族的文化基因"。我们要重视、挖掘和利用中华优秀传统文化在高校美育中的价值,结合各学校特色和优势,找准切入点,将两者有机融合,设计行之有效的价值实现路径,让传统文化在新的时代发出新的光芒,最终实现高校美育以美育人、以美化人、以美成人的培养目标。

第七章 高校美育教师综合素养

以上，对国家有关美育文件政策，高校美育性质、教学方法、教材编撰、课程评价、实践活动等方面，进行了详尽分析和阐释，为我们有效实施美育提供了必要的参考。但其中的学校、教师、学生是关键的主体所在，然后才延及教材、课程、评价等诸多要素。尤其是承担美育课程教学和学生艺术指导工作的高校美育教师，在某种程度上决定着高校美育实施的成败。所以，切实提高美育教师所应具备的知识、能力、态度、价值观和人格修养等综合素养，是当前高校美育工作的关键一环。因为，只有美育教师综合素养提高了，"提高学生审美和人文素养"这个美育目标的实现才有基本的保证。

第一节　理论知识储存素养

美育不是知识性教育，而是基于价值引领的智慧教育。但美育教师无论是通过美育课程建设，还是着力于以艺术实践来育人，均离不开形而上意义上的诸多知识。审美感知力、审美兴趣、审美心理积淀、审美经验等生成的过程，实质上伴随着对艺术等感性形式的人文内涵的深刻理解，是一种有一定理论深度的哲学思辨。所以，美育教师在提高学生审美和人文素养过程中，要自觉储存美学美育、艺术史、艺术门类、心理学和教育学等方面知识，唯其如此，以美育人才有扎实的理论基础以及实现预期的深度效果。

一、美学、美育知识

进入 21 世纪以来，美育愈发引起国家的高度重视，并上升为国家意志。新时代高校美育实施迎来重要契机，也被赋予更多的时代使命。美育教师应自觉坚守正确的政治立场，不断追求审美化人生境界，增强培育时代新人的担当意识。在此前提下，更要深刻理解新时代美育目标及确立"以美育人、以文化人、以美培元"的学校美育观念与任务。其中，掌握基本的美学美育知识是不可或缺的基本功，而理解和掌握美学基本原理知识是成为称职的美育教师的前提。如审美本质知识方面，要明晓西方美学注重从"理式""整一""直觉""关系""非功利""形式"等方面探寻美的本质，而中国是从"仁""善""道""无""妙""虚静""气韵""风骨""意象""境界"等范畴体悟美的精髓。所以中国美学从不问美的形而上本质，而注重的是美的体悟和美之境界，显现鲜明的生命关怀倾向，中国艺术精神的基因底色正在于此。关于审美类型知识，要掌握中西自然审美差异、社会美的判断标准、各门艺术的美学特征。审美范畴知识方面，要对优美、悲剧、崇高、丑、喜剧、沉郁、飘逸、空灵等范畴的基本审美意蕴有所理解。

关于美育知识，美育教师要清晰理解和掌握美育是感性教育、情感教育、创造力教育以及提高审美力或美商的竞争力教育。美育的根本宗旨在于塑造人的美好心灵，美育的目的在于引导学生懂美、爱美、创造美，增强明辨是非、美丑、善恶的判断力，切实提高审美和人文素养。所以，美育最终是为了使人和谐、均衡、健康地发展。美育教师除了对审美教育理论有所了解外，尤其要注重弘扬根植于中华优秀传统文化沃土之上的中华美育精神。学以成人、内外修炼、家国情怀、"中和"与"和谐"的价值追求等构成了中华美育精神的核心，是我们得以文化自信自强的根脉所在，更是我们以美育人、培根铸魂的重要资源。

但美育教师对以上美学美育知识的掌握，不是为了知识和技能的传授，而是对学生人生态度、精神境界的培育，让大学生真正成为能担当民族复兴大业的时代新人。总之，一切都是要落实到以美"育人"、以情"育人"的基点上。为此，美育教师应有这样的美育观念：以具有一定美学美育知识深度领悟能力，阐释和解读经典艺术作品或积极进行艺术实践，提升学生的审美情感判断力，丰富其审美体验，促进学生审美情趣、审美能力和审美观的生成与发展，进而提高学生审美和人文素养，因为"情感体验性是美育教学必须遵循的重要特点和规律"[1]。这就要求，美育教师本身在具体艺术课程教学或艺术实践中，以深度的审美智慧和充沛的审美情感，结合学生所处的现实文化境遇，激发学生审美兴趣，引领学生进入艺术境界，帮助学生理解和领悟经典艺术作品中的审美意蕴及人文内涵，积累审美经验，进而激发和提升学生想象力和创造力，让学生变得高雅、富有气质和具有人生竞争力。如果没有这些基于美学美育知识基础上的美育观念，美育教师很可能会把公共艺术通识课上成某种艺术技能课，这样的美育课缺乏情感、没有生命意义的深度把握，是一种僵化而无趣味的课堂。如此，以美育人的效果就难以达成，这要引起我们美育教师的反思。

二、艺术史知识

美育教师知识结构中除了有一定美学美育内容外，还有必要加入艺术史的内容，即要掌握某门系统的艺术史知识。艺术史是各个国家、各个民族的文化史、审美史、心灵史的形象化缩影，是艺术人文内涵的根基。就学科意义而言，"艺术史是研究人类历史长河中视觉文化的发展和演变，并寻求理解在不同的时代和

---

[1] 杜卫：《美育学》，人民出版社，2022年，第444页。

社会中视觉文化的应用功能和意义的一门人文学科"[1]。可见，艺术史是纵向的历史整体意义上艺术的视觉呈现史，经过历史长河及时代风云洗礼，某门艺术在不同时代和不同文化语境会生成不同的风格史、理论体系及艺术特征。对此类艺术的属性、形态风格及价值意义等知识有了基本掌握后，美育教师或艺术欣赏者就能对此艺术获得较全面的认知和阐释。艺术史给美育提供了理论资源和伟大的经典作品，艺术史为美育赋能，并将美育带入历史语境中，在时间的轨辙中寻找美的源头、发展、传承和未来。通过对不同时期经典艺术的欣赏和解读，能让学生提高艺术审美水平，陶冶情操，并用历史和发展的眼光去看待世界。

"艺术史在美育中最具潜力，既可以通达理论思考，又可以直击艺术品，理论和实践因此而融为一体。"[2]那么在美育实施过程中，如何激活艺术史？我们知道，任何艺术作品都不是孤立存在的，其风格和意义的生成需要与历史发生密切的关联。如此，美育教师可以通过不同时代、不同文化背景中的艺术形式来了解分析其艺术法则、演变逻辑和美育价值。首先，艺术史让美育教师以历史的、文化的、动态的眼光去看待艺术、分析艺术、了解艺术，任何艺术作品都是存在于特定的情境和影响因素之中的，不能孤立地去看待，需要放在历史的关联之中去理解和分析。其次，美育教师在教学过程中，要把学生带入历史文化情境之中，让学生在这种历史的关联中体会艺术家和艺术作品的独特

---

[1] 汉斯·贝尔廷等：《艺术史的终结？：当代西方艺术史哲学文选》，常宁生编译，中国人民大学出版社，2004年，第23页。

[2] 周宪：《论艺术史的美育功能》，《美术大观》2023年第6期。

意义。最后，艺术经典的继承和发展对艺术创新起到至关重要的作用，只有充分了解艺术史，才能更好地从审美、文化、技法、历史等方面理解当代艺术作品。

因此，艺术史作为艺术理论中的一门系统知识，对于美育教师具有较高的价值，是美育教师培养学生审美和人文内涵的重要内容。作为一名美育教师，仅仅掌握一些艺术技能是无法满足教学需求的，积累丰富的艺术史知识，以艺术史来训练学生感知能力，能够为学生打开理解艺术和阐释艺术的大门。通过对艺术作品的观察、感受，配合美育教师的解释，能更好地达到以美育人的目的。因此，美育教师需要多读书，尤其是多读艺术史以及美育学、教育学类的书籍，丰富自己的文化内涵和文化储备，才能更好地将知识传递给学生。另外，面对枯燥的历史内容，美育教师要学会情景导入、寓情于景，让僵化的内容形象生动起来，以更有利于学生的消化理解。

三、艺术门类知识

艺术门类是复杂多元化的，如绘画、书法、雕塑、音乐、舞蹈、戏剧、电影、文学等，在诸多的门类之下又有不同的类别，不同的艺术门类在美育课程中体现出不同的艺术特征和美育价值。美育教师应当对诸多艺术门类有清晰的认识和了解，虽然不一定要掌握所有的艺术技能，但是需要充分剖析各个艺术门类的艺术特征和美育价值。

绘画、书法、雕塑是艺术家运用不同的工具、材料和表现手法创作出的美术作品，绘画和书法更多体现的是平面视觉形象，雕塑则是立体视觉形象。三者具有较强的视觉性、艺术性和材料美感，并且是艺术家传达丰富的情感、生活、思想的重要媒介。在美育教学过程中，教师可以挑选较为经典和具有代表性的作品，让学生最直观地欣赏和感受绘画、书法和雕塑。首先，引导学生了解艺术创作的基本信息、历史背景和演进逻辑。其次，引导学生从艺术的表现手法出发，分析作品在技术技巧上的运用，增加其艺术表现手法等技能方面的理论知识。再次，教师指导学生从深层次挖掘艺术作品的情感表现、创作意图和社会意义等，阐释其中的人文内涵。最后，师生共同对作品进行综合判断评价，教师以艺术的语言阐释和补充其中的审美意蕴，积极引导学生做一个什么样的人，真正实现育人的目的。正因为绘画、书法、雕塑等艺术作品对培养学生生命观的审美精神、世界观的审美意味、人生观的审美格调具有独特的美育价值，就要求美育教师在掌握相关艺术知识的基础上，阐释作品的审美精神和生命意味。

具体艺术门类知识还包括，音乐是声音的艺术，舞蹈是身体的艺术，电影是以文学为核心的综合艺术。音乐以动态的形式通过时间的延续来进行具有规律性、节奏性的呈现，旋律、节奏、音色、音调、和声等相互交织在一起共同构成音乐的空间。舞蹈以音乐为背景，通过肢体的情感表达来体现人类精神，肢体语言在时间、空间、力量上的互相变化，构成多元和变化的过程。电影需要按照剧本的叙述进行演绎，而剧本的本质就是文学作品；美术和雕塑在电影中的应用能够构造空间、造型、色彩等视觉画面；有了背景或场景的布置，演员才能按照设定的情节进行演绎；音乐的渲染和演员动作的表现，可以起到传达内容和情感的目的。相对于静态的艺术形式，音乐、舞蹈、电影往往以动态形式呈现，具有多重感官效果，能够以更丰富的形式和内容展现在学生面前。如音乐作品既可以通过视频、音频等多媒体工具播放，也可以由美育教师通过乐器或演唱的方式呈现，这样能使学生更为直观地体会到音乐所传达出的情感、精神、文化等。音乐、舞蹈、电影作为表演的艺术形式为美育提供了多元化的教育模式，教育的场景不再局限于教室，还可以在音乐厅、剧院、电影院等多种场合进行，在多场景中提高学生的核心素养、评鉴能力和创造能力，更清晰直观地理解情感和文化的深层内涵。

四、心理学、教育学知识

要实现理想的美育效果，还要求美育教师具备相关心理学知识，以此了解学生年龄特征和个性差异，认识不同学生审美意识生成历程的心理特点。因为这些与学生的审美理想、审美情趣、审美能力的发展水平密切相关，掌握这些知识就能有针对性地满足学生个性化审美需求，探索适合不同身心特征的学生的美育教学方法，激发审美兴趣，更有效地帮助学生获得审美经验。如从学生的主体性特点来看，4个月的婴儿偏爱红色，能区分舒缓音乐和恼人噪声，3岁幼儿明显偏爱和谐的声音、规则的形体、协调的动作。经过中小学阶段感知、推理等思维能力的迅速成长，孩子们的审美情趣发生从静态到动态、从形式到内涵、从奇幻到科学、从单纯分享到合理公正的多样化转变。进入大学后，大学生具有鲜明的审美意向，他们肯定客观真实的自然美，看重和谐统一的社会美，强调内在价值的艺术美，推崇发明创造的科学美，注重人格品德、崇尚理想事业的人生美。了解不同年龄阶段的心理知识，能有效地帮助美育教师激发学生的兴趣，使他们主动投入学习艺术等的过程中，从而真正提高审美素养。

教育学与心理学知识往往是相互交融的，心理学知识了解得周全，就自然会调动教育学知识的运用和教育方法的革新。所以，掌握一定的心理学知识，是美育教师知识结构中不可或缺的一部分。比如，完形心理学认为大脑会自动将客观信息区分为对象和背景，依照接近、相似、闭合、连续等法则将对象视为不同的整体加以吸收和理解，产生整体大于部分的顿悟；精神分析学派认为虽然意识不到，但人们的言行深受潜意识影响，同时产生潜移默化的内隐学习。对整体大于部分的强调、对无形却有效内隐学习的关注，意味着教师仪表、课件展示等，哪怕没有时间去详细阐述的教学细节，都会对学生产生美的影响。弗洛伊德、埃里克森强调童年经历对个体成年后的心理行为有重要影响，马斯洛提出在满足生理、安全、自尊等需求之后，人最高层次的需求是自我实现，审美认知呈现鲜明的递进性。这意味着美育教师应该尊重个体差异，要坚信人人都有"追求美"的普遍动机和"体验美"的巨大潜力，要基于学生当下的基础水平坚持不懈地给予引导和教育。总之，美育教师要具备一定的心理学和教育学知识，并自觉运用到教学之中。因为，在心理学层面了解个体审美发展的规律，有利于美育教学方法的针对性设计，可以大大提高学生的审美兴趣，提升审美经验。

第二节 艺术实践与作品解读素养

美育教师在具备基本的理论知识后，还要将其运用于具体教学实践中。对非艺术专业出身的教师而言，要熟练掌握一项艺术技能，以自身的创作能力来提升学生的创造力，以某一艺术技能来提升情感沟通技巧。对艺术专业教师而言，其最大优势是能在教学现场展演某项专门艺术技能，真正感染学生。不管哪类美育教师，都应自觉具备这样的素养：专注于以艺术的语言阐释经典艺术，这样才能达到育人的目的，而不是把艺术课上成单纯的技能课。

一、掌握一项艺术技能以提升创作能力

就非艺术专业美育教师而言，掌握一门艺术技能是很有必要的。我们知道，艺术教育是美育课堂中最有效的实践路径。在人类的创造生产中，艺术品是我们审美意识最为直观的物态化体现。当我们具体谈论对于美的建构时，一般离不开艺术，离不开一件艺术品的美学呈现、一位艺术家的美学风格、一个艺术流派的美学风尚等。艺术以浓缩具象的方式反映生活，给予欣赏者以感知盛宴。在课堂中，美育教师可以通过具体的艺术呈现来激发学生的审美兴趣，增进审美经验，因而拥有开阔的视野、深厚的人文知识是美育教师必备的素养，掌握至少一项艺术技能也是非常必要的。如此，美育教师在向学生讲授某项艺术类别时，一定会把自己熟练掌握的艺术技能讲解得更系统、更生动、更清晰。

通过艺术技能的现场展示，给学生带来直观的知觉触动，甚至可以在课堂中直接带领学生进行艺术实践，参与式课堂更能让学生感受到艺术本身的魅力，以及美育课程的乐趣。学生也能够通过对具体艺术技能和独特的艺术语言的了解，领悟深层次的艺术内涵，提升审美能力和人文素养。

当然，艺术教育并不等同于美育，美育与智育所提出的知识技能性学习有所不同，美育教学过程更偏重意象建构和情感共鸣，在美育课堂场域中师生以某一事物为媒介，沉浸式感受，并得到精神的升华。这便对美育的教学模式提出了特殊要求，美育教学需要有感知体验、情感交流，同时审美又具有个性化和多样性。如果说艺术专业教育的目标更多是培养专业的艺术创作者，那么美育教学的目标则是激发审美意识，丰富审美体验；同时也能增进师生间的情感，融洽师生关系，充实校园生活。艺术技能的具备也意味着教师可以用更加艺术化的语言来解读艺术，达到审美教育的诗意化融合，让学生获得完善的审美能力，进而追求创造美的能力。

车尔尼雪夫斯基曾说过，现实中的美并不是随时可以欣赏的，但艺术中的美可以，因为艺术美具有物态永驻性。正如唐代诗人王维诗中所写："远看山有色，近听水无声。春去花还在，人来鸟不惊。"这是绘画对于风景的定格。受时空所限，我们在给学生进行审美对象的介绍时，关于自然风光、民俗风情、人文思想等，常需要借助艺术品作为直接感性化的承载。音乐、书画、雕塑、影片、诗文等，无论是听觉艺术还是视觉艺术，都能带领学生沉浸式感受。例如在自然美的讲述中，可通过图片领略季节风景之美，可通过诗文了解人类自然观的发展，可通过视频欣赏一些人类难以企及的自然领域，感受自然界的广袤、神秘。以上方式都要以艺术为媒介，如果美育教师掌握了这些艺术技能，便能够讲述得更加精彩，例如图片中光影的运用，诗文中韵律的节奏变换，视频运镜视角的切换等。美育教师从专业的层面解读艺术内涵，能够让学生了解得更深刻，再通过艺术的语言来阐释，可以让学生在诗意的情境中感受客观世界与艺术世界的交融。

二、擅长以艺术语言解读经典作品

在美育课堂中，艺术美育是最为活跃的。艺术品作为人类创作的有意味的形式，本身具有美的特质，艺术作品可以激发人的情感，振奋人的精神。在人类文明的长期发展中，每一门艺术都拥有自己独特的艺术语言：文学中的话语表达，音乐中的音符排列，绘画中的色彩运用，摄影中的光影结合，等等。艺术美育的目的是通过富有感染力的经典作品、多样化的艺术形式，让欣赏者感受到不同的审美方式、审美趣味；借助艺术路径提升受教育者爱慕美、创造美的能力。美育教师在呈现艺术品的审美特征和人文内涵时应通过艺术语言来表达。除了拥有深厚的人文知识积淀，掌握至少一项专业艺术技能以外，能够以表情达意的艺术语言来阐释和讲解艺术作品也是非常必要的。艺术品进入课堂中，无论是视觉艺术还是听觉艺术，它首先带给欣赏者的多是感官上的简单认知，如需进一步领略，还需要具备深厚的人文积淀和专业知识,这时美育教师的艺术解读能力就被凸显。如何生动贴切地表情达意,通过艺术语言讲解,激发学生的审美兴趣,提升学生的审美能力,是每一位美育教师需要用心思考的。下面以书法、绘画等美育课堂中常见的艺术形式简单举例说明。

书法是中华民族特有的艺术类别,它以汉字为表现对象,通过毛笔、墨在纸或绢上以线条的形式进行呈现。在漫长的汉字发展演变史中,衍化出"篆、隶、草、楷、行"五大字体。由于汉字特定的书写顺序,书法的创作具有流动方向的确定性和流动过程的不可复制性。书写者创作时将情感寄注笔端,尽情挥洒,点、横、竖、撇、捺中展现其思想境界;欣赏者在面对作品时,可通过线条的节奏,用墨的浓淡,笔势的起伏,感受创作者的创作心境。元代陈绎曾在《翰林要诀》中有言:"喜即气和而字舒,怒则气粗而字险,哀即气郁而字敛,乐则气平而字丽。情有轻重,则字之敛舒险丽亦有浅深,变化无穷。"[1] 这里我们以《兰亭集序》和《祭侄文稿》为例,来感受文字中的情感涌动,以及带给学生的审美冲击。

众所周知,《兰亭集序》是王羲之于晋穆帝永和九年同名流雅士在会稽山兰亭修禊畅饮后写下的千古名帖,行文流畅,字字珠玑。一眼望去,章法统一,给人畅神悦目之感。仔细赏看,其用笔采取了侧锋取势的方法,有龙蛇游动之态,字形上正正奇奇,上呼下应,通篇疏密聚散,自然天成。这幅和谐优美的作品

---

[1] 上海书画出版社、华东师范大学古籍整理研究室选编、校点:《历代书法论文选》,上海书画出版社,1979年,第490页。

通过飘逸灵动的文字，带领赏析者神游那场一千多年前的聚会，感慨山水之美，感受众人之兴，感叹人生无常。

相较于《兰亭集序》，颜真卿的《祭侄文稿》呈现在学生面前时，他们常常会惊诧疑惑，为什么这篇涂涂抹抹，看似凌乱无序的文字会被称为天下第二行书？这时我们就需要回到历史现场，讲述创作者其人及其写下这幅作品时的背景。"安史之乱"爆发后，任平原太守的颜真卿联络其堂兄常山太守颜杲卿起兵讨伐叛军，后颜杲卿及其子被捕，"父陷子死，巢倾卵覆"。两年后，颜真卿命人到河北寻访亲人尸骨，在颜季明的首骨被携归后，写下了《祭侄文稿》。全文234字，蘸墨7次，涂抹之处甚多；章法自然天成，毫无雕饰；字里行间可见书写者情绪激动，失去亲人的切肤之痛无法遏制，声泪俱下，痛彻心扉。学生了解这些故事后会对这幅作品有更加深刻的认识。

在用笔、结字、章法中领略书法中的形神相应、虚实相称、动静结合，再通过相关的历史人文知识丰厚学生的人文素养，提升他们的审美水平。文字的线条、布局的章法、行文的气韵，这些书法特有的艺术语言符号向我们传递书法的魅力及浓厚的生命美学色彩。我们的文化基因就是在这种艺术语言范式中形成的，优秀的艺术创作者们在历史长河中建构、传承并持续创新着我们特有的民族文化内涵。书画诗文相辅相成，我们再通过绘画感受一番。

绘画作为人类最古老的艺术，通过色彩、线条、构图在二度平面上创造具有三度空间的视觉形象。西晋陆机曾言"宣物莫大于言，存形莫善于画"[1]，杰出的画作是美好事物的写照，是现实世界的艺术化呈现，能够在视觉上提升人们对形式美的感知力，陶冶情操。中西绘画在几千年的发展史上都涌现出很多经典的作品，它们各有其精彩之处。篇幅有限，这里我们以《千里江山图》和《富春山居图》为例，作简要赏析。

这两幅作品在课堂中同时呈现时，学生往往先是惊艳于王希孟的《千里江山图》。作为中国青绿山水的巅峰之作，它的色彩非常绚烂夺目，以石青、石绿为主颜料，在施色时注重手法的变化，层层罩染，层次感强；以江南山水为取景对象，秉持着天下江山的理念，全画笔墨精妙，细致入微，庄严凝重，气势恢宏。在这幅长卷中可见王希孟为获得皇帝赏识而付诸的努力，也可见他的胸襟抱负。构图、着色、意境、空间在这幅山水图以颇具冲击力的艺术语言与赏析者进行了一场跨时空的对话。被誉为"画中兰亭"的《富春山居图》呈现的则是另一种美学姿态，另一种人生哲学。黄公望从古稀之年绘制到耄耋高龄，近乎十年的时光里他徜徉于富春江两岸观察山水，废寝忘食，如痴如醉。画上有山水树木，间有垂钓渔人、茅亭独坐者、江中行船者；全画构图疏密得当，笔调淡雅。这不是简单的自然风光描摹，而是画家精神世界的流露；八十多岁的黄公望作为南宋遗民，历经半生坎坷，及至晚年逸出江湖，浪迹山川，寻求到了生命的本质。

将这两幅作品放在一起分享，不仅可以领略不同技法、风格带来的视觉体验，也能从画家的人生经历进行深层次的解读，帮

---

[1] 陆机等撰：《晋唐五代画论译注》，刘斯奋译注，上海书画出版社，2021年，第1页。

助学生了解书画中蕴含的生命美学。诸如此类的还有很多,如展现"最富包孕性顷刻"的雕塑,追求诗意性栖居的建筑,抒发心灵之声的音乐,"生命情调最直接,最实质,最强烈,最尖锐,最单纯而又最充足的表现"[1]的舞蹈,等等。美育教师皆可从艺术的专业层面解读出发,融入人文知识,丰厚美学内涵,让学生感受到艺术品的生命内涵对他们审美思想的提升,对他们精神的启迪。

三、艺术教师以专门艺术技能融入艺术实践

在实施美育的过程中,很显然,精通某门艺术技能的艺术专业教师更能提高美育的教学效果。艺术专业美育教师在教学实践过程中运用专业的知识和技术能力达到教学目的,以自身现场展演来增强浓厚的学习氛围,激发学生审美兴趣,尤其是在带领学生进行艺术实践过程中,能够让学生从专业技能领域感悟艺术作品的技术水平和精妙技法,从而加深对艺术作品的鉴赏能力,提高审美经验。2020年10月,中共中央办公厅、国务院办公厅颁布的《关于全面加强和改进新时代学校美育工作的意见》中指出:"逐步完善'艺术基础知识基本技能+艺术审美体验+艺术专项特长'的教学模式。在学生掌握必要基础知识和基本技能的基础上,着力提升文化理解、审美感知、艺术表现、创意实践等核心素养,帮助学生形成艺术专项特长。"可见,国家美育顶层设计已明确提出让学生提升艺术技能专长的必要性。但单纯的艺

---

[1] 闻一多:《闻一多全集》(一),生活·读书·新知三联书店,1982年,第195页。

术技能教学显然无法满足美育课堂的需求，机械化的艺术实践也不能达到美育的教学目的，因此将艺术技能融入艺术实践、在实践展演活动中感染学生，是实现美育成效的重要一环，具体可以考虑以下路径。

首先，美育教师进行专业技能展示，培养学生艺术感知力。美育教师在课堂上通过技能展示，如绘画、乐器、雕塑、戏剧等艺术展演，并配合讲解，让学生直观地去感受如何运用艺术技能完成艺术作品。展示完成之后，学生运用所学到的技能技巧进行模仿跟练，及时实践操作以加深记忆，并通过练习掌握和提高艺术技能。教师通过课堂情境展示艺术技能，既可以培养学生的艺术感受力，在直接审美的过程中践行艺术素养教育，同时也可以在潜移默化之中提升学生的艺术技能。例如较为常见的，在对绘画艺术开展美育教育时，教师可以先介绍绘画的工具和材料，然后再现场演示绘画过程，并配合讲解处理画面的技巧，如构图、明暗、色彩、色调等，在绘画展示情境之中，让学生真切地感受到绘画的方法和技巧，并且充分理解艺术作品中的技能与技巧，加深对艺术作品的审美理解。

其次，开展专业技能实践练习，提高学生审美表达力。艺术技能的掌握需要不断地练习和思考，因此在学生理解了艺术技能的理论知识之后，还应当切身运用到实践中去。美育教师展示和教授艺术技能，学生在所见、所思之中有所领悟，此时通过实践的练习不仅能够让学生加深对技巧的理解和记忆，同时也可以在实际操作中提高技能。美育素养并非空泛地去谈论概念和理论，有了技能的加持，学生就有了审美表达的渠道，通过创作艺术作品来实践对艺术技能的认识。比如,教师可以带领学生到美术馆、博物馆、音乐厅等参观学习艺术大师的经典作品,讲解艺术技能在作品中的实际应用,之后再让学生进行艺术技能的练习,鼓励学生将个人的审美观点通过实践进行更为准确、高效的表达。

另外,将所学艺术技能运用到创新表达中,构建学生的艺术创造力。坚持创新发展,以创新机制培养人才艺术素养是美育的重中之重。虽然艺术技能的学习在前期以模仿为主,这样能更快速更直接地掌握所学的技巧知识,但是最终的目的还是进行审美的积累,并在此基础之上,激发和提升艺术实践的创新。教师要不断更新个人的教学理念,并运用到教学的内容和方法中,通过进修深造等方式不断提高个人的技能水平。引导学生在艺术实践过程中充分发挥主观能动性,鼓励学生在运用技能进行创作时打破固有思维,从多种途径寻找创作灵感,进而增强其艺术创造能力。

总之,将专门的艺术技能融入艺术实践之中,可以让师生一起沉浸式体验艺术的魅力,成为课堂共同体,进而使学生和美育教师之间产生共情,培养学生的情绪感受能力、情绪表达能力和情绪反应能力,提升美育成效。

第三节　教学设计技能提升素养

美育课程育人的有效实现，离不开科学的教学技巧，离不开艺术而规范的教学设计。有时我们看到，有些美育教师虽然在进行艺术教育，但没能把艺术真谛传达到学生内心深处，无法激起学生的共鸣和创造的激情，审美经验的生成收效甚微，原因主要在于其基于教学方法的教学设计不到位、不科学，直接影响到了学习者最终的学习成效。所以，为打通美育实施的"最后一公里"，科学而有效的教学设计技能不可忽视，更需要用心用力地提升。

一、何谓教学设计

"教学设计"从字面上理解是指教学过程的设计行为，但从教育学范畴上讲，"教学设计"有着严格的内涵和漫长的发展历程，是教育领域中一种重要的理论方法。20世纪60年代以来，教学设计（Instructional Design，简称 DI）逐步发展起来并成为具有自身体系的新兴科学，代表理论家有肯普、狄克、凯瑞、R. M. 加涅、马杰（R. Mager）、沃尔特·迪克、瑞格卢斯等，主要模式有注重外在学习过程的行为主义教学设计、注重学习过程中心理转变的认知主义教学设计、注重学习者对知识意义建构的构建主义教学设计。20世纪80年代，西方教学设计理论传入我国，受到人们的关注和青睐，其中美国教育心理学家加涅等著的《教学设计原理》具有广泛影响。加涅开辟了当代教学系统设计的方向,并提出了著名的教学设计"ADDIE"模型[1],即分析、设计、开发、实施、评价。分析（Analysis）,确定需要,识别原因;设计（Design）,提出方案,确定目标;开发（Development）,准备材料,解决问题;实施（Implementation）,试点测验,开发完成;评价（Evaluation）,检验结果,调整修改。很显然,加涅的教学设计模型中,分析、设计、开发、实施与评价等各要素之间存在紧密的逻辑关联,形成一个闭环的体系。

总体上,教学设计内涵包括这几方面:运用系统方法探究各要素间的本质联系,正因如此,教学设计又被称为教学系统设计（Instructional System Design）;设计的目的是解决教学问题,重在"如何教",而不是"教什么",优化教学效果,提高教学质量;设计本身以学生为出发点,以学生的学习为前提,围绕学习者需求进行知识的传授,强调学习者是学习的主体,"学习者是教学的参与者"[2],体现着以"学"为中心的设计特征。一个完整的教学设计一般包括确定教学目标、进行教学分析、确定起点行为、编写具体教学目标、设计标准参照试题、开发教学策略、开发与选择教学材料、设计与实施形成性评价、进行教学调整、设计与实施总结性评价等。[3]教学设计既包含广义的某学

---

[1] 加涅等:《教学设计原理》(第五版),王小明等译,华东师范大学出版社,2018年,第36页。

[2] 加涅等:《教学设计原理》(第五版),王小明等译,华东师范大学出版社,2018年,第130页。

[3] 钱玲、闫苹:《教学设计的内涵、主要过程及其与单元设计的异同》,《语文建设》2007年第1期。

科、某门课程总体规划设计，也包括狭义上一节课的课堂设计。一个有效的教学设计常显示出这样几种特征：制订逻辑化体系，呈现整体系统设计的规划性；提前统筹准备，彰显时间上的前瞻性；实施最优化教学，实现学习效果的有效性；融合各学科理论和技术支撑，突显内在的综合交叉性。那么，基于以上教学设计理论，美育教师就应思考，如何实现一门美育课程的最优化设计，一堂美育课的创意规划，激发学生的审美情感和审美兴趣，提升审美经验，最终实现学习者学习的最佳效果，这是达成以美育人"最后一公里"教学中最关键的一步，而往往这些方面恰恰不少美育教师重视不足，有时还出现不少"失效设计"。当前，提高美育教师教学设计的能力和素养日益紧迫且有必要。

二、教学设计技能提升所应掌握的知识和能力素养

知识素养方面。教学设计有自身的专门化知识，美育教师为此应自觉掌握。第一，教学设计理论知识。美育教师不能简单地理解教学设计，应较全面地知晓中西教学设计理论知识的精髓。教学设计理论受教育学、心理学和系统科学等深刻影响，涉及系统理论、教法理论、学习理论、视听理论，乃至媒体技术传播学理论等知识，学习理论方面的知识是重中之重。需要说明的是，美育教师不是要成为这方面理论专家，而是在获取这些知识后，成为一个在美育教学方面有较高成效的合格的美育从业者，成为能更好地进行情感教育和创造力教育的具有较强理论创新思维的引领者。第二，课程与教材结构体系知识。无论是学科设计还是

课堂设计，教学设计都要落脚在对课程本身的熟悉及相应教材内容的专研与重构上。对课程及教材内在结构体系的掌握，甚至亲自编撰，是设计的材料源头所在。课程改革、课程设置与教材编著是教育改革及提高人才培养质量的关键，美育教师对课程及教材知识的掌握会让教学设计更有底气、目标更明确。第三，教育心理学知识。教学设计以提高学生学习成效为目的，所以要突出学生主体地位，尊重学生的个性差异。此时，美育教师要掌握必要的教育心理学知识，了解教育政策和教育改革导向，适时洞察学生的审美心理需求及波动状况，进行有针对性的设计，引导学生积极参与学习活动，切实激起学生的审美兴趣，提升其审美经验。第四，新媒体技术知识。教学设计理论诞生之初，新媒体技术知识就在教育技术领域独领风骚。学习问题的解决离不开最优化的教学技术，所以，"教学设计"也被称为"教学技术与设计"或"教学传播与技术"等。如今，现代技术与教育教学正深度融合，新媒体技术的快速发展深刻影响着教学设计的质量。以技术为支撑，以任务为驱动，以问题为核心，基于互联网技术的翻转课堂教学设计模式应运而生。美育教师应主动求变，熟练掌握新媒体等知识技能，自觉在具体教学实践中把技术与审美教育深度融合，提高学生专注力，提升美育成效。

能力素养方面。教学设计是一个动态过程，教师是其中的系统设计者、组织管理者、情感沟通者和分析评价者，因而美育教师也应具备相应的能力素养。第一，系统设计能力。教学设计运用系统方法，搭建各要素间逻辑关联，最终找寻解决问题的最佳方案。所以，美育教师要具备系统的理论思维，以创新性规划视野，选定合理的设计模型，最终撰写出科学的课程大纲、课程教案或课堂设计。设计本身也是一种创意，具备了这种能力，教学设计方能跟上时代，激起个性审美兴趣。艺术化的教学设计在艺术教育过程中显得更有必要。第二，组织管理能力。教学设计从开始构想、材料准备、内容安排、策略确定、学习者的参与到最后的评价修改等多个环节，都需要教师清晰的思维、有效的组织、适时的调动等，尤其是翻转课堂的教学设计，对美育教师在教学过程中的组织管理能力要求较高。否则，一旦缺乏组织，教学过程就会混乱无序，学习的有效发生就无从谈起，设计本身也变得毫无意义。第三，情感沟通能力。整个设计过程，以学生为出发点，教师要把握主体性原则，突出学生的主体地位，尊重个体差异，了解学生心理情绪变化，观察学生情感态度与价值倾向，以真情感染学生，引导学生主动参与学习活动，方能取得理想的学习成效。那么，美育教师在以提升学生审美和人文素养为目的的教学设计过程中，就要情感充沛而真挚，积极善诱引导，让学生受触动，在艺术世界中陶醉，在审美世界中熏染，在智慧世界中启悟，真正得以提升审美经验。所以，这样的教学就是一种审美化教学过程，而教学艺术化正是教学设计的最高境界，美育教师的情感沟通和引导能力至关重要。第四，分析评价能力。要知道教学设计是否理想，就要对学习者的收效情况进行分析评价，主要是分析教学目标实现及学生任务完成情况。这涉及最后的评价环节。依据交流访谈、问卷调研或定向测试等，设计者根据所收集的材料信息或数据统计对学习成效进行评判、调整和改进。美育教师对于学生审美和人文素养提高成效如何判断，离不开较好的统计分析能力,美育教师应经常训练和提高教学实证分析能力,自觉查找问题,切实提高教学成效。

第四节 艺术社团辅导素养

在高校美育教学实践中,除美育课程教学外,美育教师还应具备艺术社团的辅导能力。艺术社团与美育课程教学既相互联系,又具有与课堂教学相区别的独特教育价值,成为弥补、活跃、拓展教学活动的极佳形式。《关于切实加强新时代高等学校美育工作的意见》明确指出要"加强高校艺术社团建设,加大从普通在校生中挖掘、选拔、培养艺术团成员力度,带动校园文化活动开展,学校艺术实践活动要让大多数学生参与其中,享受其中"[1]。可见,艺术社团在高校美育实施中发挥着重要的作用,这也对高校美育教师的知识能力素养的提升提出了新的挑战。

一、艺术社团辅导教师应具备的知识

第一,某艺术门类专业知识。在教育活动的形式上,不同于艺术课程课堂教学重讲解、演示,轻实践操作,艺术社团可以就

---

[1]《教育部关于切实加强新时代高等学校美育工作的意见》,《中华人民共和国教育部公报》2019 年第 5 号。

某一具体艺术形式进行较为系统的学习，偏重于艺术活动的亲身参与、艺术技艺的掌握和体验。因此，美育教师需要具备与艺术社团的艺术门类相关的专业知识和专业基本技能，设计社团课程、组织社团活动，以满足艺术社团对某一门类艺术知识较强的系统性、专业性和应用性需求。

第二，艺术跨界知识。在实际的社团指导工作中，高校美育教师应该一专多能，除了懂得某一门类艺术的专业知识外，其他艺术门类知识也应有相关了解，以便能够跨界辅导综合性艺术活动。例如，一位美育教师是古典舞专业的，在舞蹈类社团的指导工作中往往被要求会编导。一位钢琴教师可以把难度很大的协奏曲弹下来，但是在音乐类社团的指导工作中可能有为一首歌曲写伴奏谱的需求，或者被要求即兴伴奏，还有可能去指挥一个学生合唱团。因此，为适应社团活动艺术综合性的要求，美育教师在具备某一门类的艺术专业知识的同时，还需要具备一定的艺术跨界知识。

第三，艺术社团功能知识。艺术社团是高校美育学科建设和人才培养的重要组成部分，美育效果不容小觑。这就需要美育教师具备社团功能知识，将社团的艺术实践与学科建设和人才培养进行协同融合，合理设置社团美育活动。一是社团活动与课程思政相结合。高校美育的根本任务是立德树人。美育教师应通过设计社团活动，把思政的课堂讲授落实到丰富生动、春风化雨的美育思政实践，以实现立德树人的根本任务，以美育人、以美培元。二是社团活动与学科建设相结合。学科建设和人才培养不仅在课堂，而且在课外。社团组织的丰富多彩的活动是课堂教学的延伸与补充，是更具灵活性和可塑性的专业第二课堂。对于艺术社团实践如何更好地服务于学科建设，如何与专业课程相融合，如何把学生专业知识通过喜闻乐见的方式展示出来等方面要求，美育教师应以宽广的学科视野和以人才培养为使命对之进行全面了解。三是社团活动与美育资源相结合。美育教师在设计社团活动时，要积极吸取高校特色专业的美育资源，以及高校所在地的地域文化美育资源，进行活动拓展。多元、多样、灵活的活动形式有利于学生创作出差异化、个性化和多样化的实践内容，增强学生欣赏美、发现美、表达美的能力，促进学生艺术素养的发展。

二、艺术社团辅导教师应具备的能力

第一，直接指导能力。艺术社团辅导教师最重要的工作就是指导社团活动，这要求教师具备对社团活动的直接指导能力。一方面，艺术教师要具备专业而系统的艺术知识和艺术实践能力，不仅自己会，而且能对学生进行专业指导，引领学生进入某一专业艺术领域；另一方面，艺术教师还要具备良好的语言表达能力和沟通能力，不仅自己能感受到，还能将自己的艺术感受顺利传达给学生，丰富学生的审美层次，提升学生的艺术表现力。教师对艺术社团活动的直接指导能力，关系到社团活动的质量和社团艺术作品的水平，关系到社团能否有拿得出手的、代表学校艺术水准和风格的作品，甚至关系到学校能否拥有自己的美育品牌活动。因此，直接指导能力是艺术社团辅导教师最基础的能力，直接关系到社团的生存与发展。

第二，组织管理能力。美育教师的组织管理能力对艺术社团的生命力有直接影响。首先，美育教师可以通过建立社团文化以增强社团凝聚力。社团文化分为社团理念文化、社团制度文化和社团器物文化三部分。理念文化是核心，制度文化是保障，器物文化是外在风貌。美育教师要结合社团活动内容与美育目标，合理设置理念文化，并制定制度来保证理念文化的有效落地实施。通过理念引导和制度保障，社团会在活动场地、学生精神状态等方面呈现出外在的器物文化。其次，美育教师还需要对艺术社团部门进行分工细化，明确落实各部门的工作职责，以保证创作表演、技术宣传、财务管理、招新迎新等社团活动的有序进行。

第三，艺术创造能力。美育教师不仅需要关注艺术界的最新动态和趋势，及时将新的艺术元素和理念引入到社团活动中，还需要结合时代精神，挖掘校本特色，合理开发利用资源，创造出具有品牌效应的创新性作品。比如西北工业大学美育教师指导社团排演大型原创话剧《大国之蓝》，该剧立足西工大教师群体科研育人、勇毅无悔的感人故事，展现科技工作者们爱国、创新、求实、奉献、协同、育人的精神风貌，点明"科研报国"的主题，激励青年学子自信自强、守正创新、踔厉奋发、勇毅前行，传递科研育人的重要理念，让科学家的精神薪火相传。可以想象，若没有较高的艺术创造力，是很难编排出这种扎根于学校本土的高质量话剧的。

总之，高校美育教师需要具备多方面的知识和能力，结合高校的现实需求和社团特色，合理开发利用资源，引导学生探索新的艺术形式和表现手法，激发学生的创造力和想象力，推动艺术社团的不断发展和创新，落实立德树人的根本任务。

第五节　科研能力提升素养

美育教师在做好教学的同时，历经时间的沉淀，应直面美育实施过程存在的问题，不断地反思和总结，并带着鲜明的问题意识，从不同角度进行学术思考，在教改课题研究及论文撰写上多下功夫，取得更多美育教研成果，使美育教研能力得到提升。这是称职的美育教师所应具备的重要素养，也是更好推进美育实施的一个重要维度。

一、新时代美育实施存在的问题诊断

美育教师要想提高教研能力，做一个有学问的美育教师，首先要在对国家美育政策及相关重要教育精神熟知的基础上，对当前美育实施存在问题有一个较准确的诊断。即基于宏观广阔的政策理论、微观具体的实施过程或某个理论研究，以问题为导向，找出其中经纬，方能提出有价值的问题，确定理想的选题，这些是进行美育课题研究及论文写作的前提。总体上，美育教师应认识到当前美育实施存在着一些现实困境。首先，在深度与高度

上，对美育的认识还存在欠缺。对美育内涵认识还较局限，把美育视同为艺术教育、德育或情感教育；重视美育理论知识，而美育资源利用不足；还存在美育无用、美育与创新人才培养较远等认识。其次，在课程体系设置与教学手段运用上，对美育教学的改革还不到位。课程体系设置缺乏科学性，授课方式缺少技术与教育的融合，教材编制缺少时代独特性、校本元素。另外，在领域与方法上，对美育理论的研究还不够丰富，这导致有关美育研究缺乏一定深度、广度、体系化和现时性，在研究方法上多是侧重抽象理论，扎实的实证研究不足。

就新文科理念而言，当前美育实施也存在较显著的问题。如新文科理念滞后，跨学科融通新的育人模式目前还未能被广泛接纳，学科美育人才培养体系未能健全；美育模式单一，多为艺术教育、实践基地体验、校园文化建设等，未能在跨学科中深入推进美育课程；美育知识价值思辨引领不足，课堂育人主渠道作用未能充分发挥；教改创新不到位，现代技术与美育教育未能实现深度融合，无法更大程度满足广大学生的个性化学习需求。以上问题往往会导致美育课程质量建设不高、艺术实践活动缺乏品牌性、美育与专业教育深度融合不足、美育资源利用不充分、高层次理论成果不足、人才培养质量不理想等问题。对于美育教师来说，可以针对这些问题进行教育教学实践，进行教改课题研究和高质量论文选题的确定，这对推动美育成效的提升大有裨益。

二、美育教改课题探究

美育与教学实践密切相关，直接关系到人才培养质量和学校办学水平，这要求美育教师时刻怀有为党育人、为国育才的历史使命，也要以学术敏感性开展美育教改课题研究。从广义上来说，做教改课题研究是为贯彻落实国家中长期教育改革和发展规划，全面贯彻党的教育方针，落实立德树人根本任务。具体来说，往往从教育政策、教学改革、教学管理、教学建设等多层面，深入研究新时代下推动高等教育内涵式发展的措施和方法，不断更新教育教学观念，创新人才培养模式，加强课程和教材体系建设，改革教学方法和手段，培育一批国家级和省级优秀教学成果，以教学研究指导改革实践，推进教育教学创新，切实提高人才培养质量。就美育教改课题研究而言，根本任务是立德树人，目的是为人才培养质量提升服务。要做好美育教改研究，需要做到"顶天立地"。

"顶天"即对国家美育政策、会议等精神的宏观把握。如党的二十大报告（2022）、全国教育大会（2018）、习近平给中央美院老教授回信（2018）、《一个国家、一个民族不能没有灵魂》（2019《求是》）、《扎实推动教育强国建设》（2023《求是》）、《关于全面加强和改进学校美育工作的意见》（2015）、《关于切实加强新时代高等学校美育工作的意见》（2019）、《关于全面加强和改进新时代学校美育工作的意见》（2020）、《高等学校公共艺术课程指导纲要》（2022）、新文科建设工作会议及中国大学慕课会议等，这些都是做美育课题研究前要吃透的精神内容。

"立地"即立足本校或本区域教育教学实践，扎根现实生活，进行脚踏实地的有针对性的研究。一般来说，教改课题从类型上可分为六大类，即综合研究、人才培养模式改革与专业建设、课程与教材改革、实践教学改革、教学手段与教学方法改革、教育教学管理；从层次上分为三大类，即本科教育、高职教育和研究生教育。美育教改课题研究可按这些类型或层次进行选题确立和论证。具体来说，美育综合研究侧重于从宏观战略高度研究美育政策和教学改革的重大问题，旨在为提高人才培养质量提供政策建议和条件支持的研究与实践；美育人才培养模式改革与专业建设，侧重于美育在促进人才培养模式改革和专业建设过程中的意义研究与实践；美育课程与教材改革，侧重于美育课程体系、教学内容改革及美育教材优化编撰的研究与实践；美育实践教学改革，侧重于改革和完善现有美育实践教学体系、提高美育实践教学环节和教学质量的研究与实践；美育教学手段与教学方法改革，侧重于应用现代信息技术，提高教师的教学水平和教学能力的研究与实践；教育教学管理侧重于构建高等教育教学管理、质量保证体系和监控评价机制的研究与实践。研究生审美教育，侧重于对在研究生阶段开展美育或德育教育，旨在提高研究生培养质量的研究与实践。当然，就新文科理念而言，可以从新文科研究与改革实践视角对美育与学科专业融合后的学科美育、某一课程美育等方面进行专题研究，也可从不同学科领域研究美育参与新文科建设的路径及机制。当方向、领域确定后，就可在精准选题、同类比较、科学论证、规范编写、充实支撑材料等方面下功夫，优秀的教改课题就会自然形成，当然有个课题研究团队更好。

三、美育学术论文的撰写

美育教师在平时教学中要做个有心人,积累资料,既要做好教改课题研究,还要尝试完成较高质量学术论文的撰写与发表。撰写学术论文既是完成美育教改课题的重要方式,也是推进高校美育发展创新的重要路径。相对于美育教改课题研究而言,美育学术论文的撰写更加聚焦,更加注重从教学实践中脱离出来,以鲜明的问题意识,进行更具理论化、针对性和逻辑性的专题研究。学术论文的形成也是教改课题完成的阶段性成果。美育学术论文撰写同样离不开"顶天立地"的思维模式,但在选题、体系建构、行文表述、研究方法、目的诉求上与教改课题研究存在很大不同。在这里,我们首先要分清针对哪些美育问题,即美育的研究对象有哪些值得深入研究和探讨。

关于美育学术研究对象,这里无法做到逐一列举。不过,还是能立足现实本土语境,梳理出诸多美育研究的真问题,供美育教师参考。一是高校美育实践研究,如当代中国文化发展进程中的美育实践,高校美育策略、路径与机制的理论思考;二是美学美育理论及前沿性问题,如美育的现代性价值研究,中华美学与中华美育精神专题研究,美育与铸牢中华民族共同体关系研究;三是美育教师及学生相关素养问题,如美育教师核心素养,学生审美和人文素养的结构内涵及审美经验形成的机制研究;四是美育与艺术教育关系相关话题,如美育和艺术教育的观念史演变,新媒介与美育和艺术教育的当代问题,当代美育和艺术教育的实践策略；五是新文科理念美育交叉研究，如新文科建设与学校美育的任务，新文科背景下高校美育教学模式的探索和实践，以美育德、以美育体和以美育促思政等"五育并举"相关问题研究，学科美育或课程美育专题研究等；六是高校美育教师组织、课程、教材及教法研究，如美育团队基层组织研究，审美化教学探讨，高校美育一流课程建设与课程体系建构，高校美育教学的新问题、新经验与新方法，高校美育实践的新路径与新案例，高校美育的优秀教材研究；七是区域文化与美育专题研究，如中原文化与美育、齐鲁文化与美育、燕赵文化与美育、三秦文化与美育、吴越文化与美育、荆楚文化与美育、巴蜀文化与美育、潮汕文化与美育等专题研究。

基本明晓研究对象之后，关键的问题在于如何撰写，在此给美育教师们提供一些参考。从总体上看，美育学术论文的撰写应注意以下几点：一是美育与国家育人宗旨和意识形态紧密相连，所以立意要高，立场要坚定，更要吃透国家政策相关精神。二是美育论文研究要有鲜明的问题意识和现实关怀，要有针对性，与学校育人实践或美学艺术学发展史密切相关。三是美育论文不仅仅在于纯理论的建构，还应运用实证研究，要丰富研究方法。四是因美育是个跨学科或多学科的领域，不同学科资源支撑了美育得以深入开展，因此美育研究论文往往体现更多学科交叉特征。最后，美育论文应基本做到选题富有创意、研究背景分析准确、逻辑框架科学搭建等。从具体过程或细节而言，美育教师在撰写论文过程中应从这几方面入手。第一，学他人文章。多读优秀美育学术论文，尤其在读的时候要留意作者如何立论，如何论证，如何写注释,如何写内容摘要等。第二,自己自觉进行学术训练。平时要多写,遇到什么问题,记下来;读到什么好书和文章,做一点笔记;有什么感想,也写下来,养成良好的学术训练习惯。第三,也是最根本的,要有计划地多读书,读好书。只有通过日积月累地研读,才能真正提高自己的科研素养。

附录

给高校美育教师的推荐书目

一、文学类

（一）中国文学通史

1. 张炯、邓绍基、郎樱总主编：《中国文学通史》，江苏文艺出版社，2011年版。

2. ［美］孙康宜、宇文所安主编，刘倩等译：《剑桥中国文学史》（上、下卷），生活·读书·新知三联书店，2013年版。

（二）中国古代文学史

1. 袁行霈主编：《中国文学史》（第三版），高等教育出版社，2014年版。

2. 袁世硕主编：《中国古代文学史》（第二版）（上、中、下册），高等教育出版社，2016年版。

（三）中国现当代文学史

1. 钱理群、温儒敏、吴福辉：《中国现代文学三十年》（修订本），北京大学出版社，1998年版。

2. [德]顾彬著，范劲等译：《二十世纪中国文学史》，华东师范大学出版社，2008年版。

3. 洪子诚：《中国当代文学史》，北京大学出版社，2023年版。

4. 王德威主编，张治等译：《哈佛新编中国现代文学史》，四川人民出版社，2022年版。

（四）外国文学史

1. 李赋宁总主编：《欧洲文学史》（修订版），商务印书馆，2019年版。

2. 刘海平、王守仁主编：《新编美国文学史》（四卷本），上海外语教育出版社，2019年版。

二、音乐类

1. 陈荃有编著：《中国古代音乐简史》，高等教育出版社，2020年版。

2. 汪毓和编著：《中国近现代音乐史》（第三次修订版），人民音乐出版社，2009年版。

3. [美]克雷格·莱特著，余志刚译：《聆听音乐》（第七版），清华大学出版社，2018年版。

4. 蔡仲德：《中国音乐美学史》（修订版），人民音乐出版社，2003年版。

5. [奥]爱德华·汉斯立克著，杨业治译：《论音乐的美：

音乐美学的修改刍议》，人民音乐出版社，1980年版。

6. 王宁一、杨和平主编：《二十世纪中国音乐美学·文献卷》（四卷本），现代出版社，2000年版。

三、舞蹈类

1. 吕艺生：《舞蹈美学》，中央民族大学出版社，2011年版。

2. 袁禾：《中国舞蹈美学》，人民出版社，2011年版。

3. 《中国舞蹈史》编写组编：《中国舞蹈史》，高等教育出版社，2019年版。

4. 于平：《中国现当代舞剧发展史》，人民音乐出版社，2004年版。

5. 吕艺生：《中国古典舞美学原理求索》，中央民族大学出版社，2018年版。

四、美术与书法类

1. 李霖灿：《中国美术史》，中信出版社，2018年版。

2. 洪再新编著：《中国美术史》，中国美术学院出版社，2000年版。

3. ［英］贡布里希著，范景中译，杨成凯校：《艺术的故事》（第16版），广西美术出版社，2008年版。

4. 欧阳英：《外国美术史》，中国美术学院出版社，2008年版。

5. 丛文俊等：《中国书法史》（全七册），江苏教育出版社，

2009年版。

6. [美]蒋彝：《中国书法》，上海书画出版社，1986年版。

五、设计类

1. 夏燕靖：《中国艺术设计史》（升级版），上海人民美术出版社，2016年版。

2. 张夫也编著：《外国现代设计史》（第二版），高等教育出版社，2022年版。

3. 彭圣芳、武鹏飞主编：《设计学概论》（第五版），湖南科学技术出版社，2023年版。

六、戏剧类

1. 童道明主编：《现代西方艺术美学文选·戏剧美学卷》，春风文艺出版社、辽宁教育出版社，1989年版。

2. 朱栋霖、王文英：《戏剧美学》，江苏文艺出版社，1991年版。

3. 廖可兑：《西欧戏剧史》（上、下），中国戏剧出版社，2007年版。

4. 周贻白：《中国戏剧史长编》，上海书店出版社，2007年版。

5. 刘彦君、廖奔：《中外戏剧史》（第三版），广西师范大学出版社，2022年版。

七、电影类

1. ［法］让·米特里著，崔君衍译：《电影美学与心理学》，江苏文艺出版社，2012年版。

2. ［美］路易斯·贾内梯著，焦雄屏译：《认识电影》（插图第11版），北京联合出版公司，2017年版。

3. 邵牧君：《西方电影史概论》，中国电影出版社，1982年版。

4. 周星：《中国电影艺术史》，北京大学出版社，2005年版。

5. 李道新：《中国电影批评史（1897—2000）》（第二版），北京大学出版社，2007年版。

6. ［匈牙利］贝拉·巴拉兹著，何力译，邵牧君校：《电影美学》，中国电影出版社，1978年版。

7. 王志敏：《电影美学分析原理》，中国国际广播出版社，2022年版。

八、美学类

1. ［德］黑格尔著，朱光潜译：《美学》（第一卷），商务印书馆，1979年版。

2. 朱光潜：《谈美》，中华书局，2010年版。

3. 宗白华：《美学散步》（彩图本），上海人民出版社，2015年版。

4. 李泽厚：《美的历程》，生活·读书·新知三联书店，2009年版。

5. 杜卫主编：《美育学概论》，高等教育出版社，2023年版。

后记

经过8个月的通力协作，这本手册终于交稿了。这是我们团队诚意合作的成果，也是我们老、中、青三代美育教师多年友谊的结晶。

此书的编写由我发起，我撰写了编写大纲和各章要点；各章编写负责人由我邀请，这些来自天南海北的老师都是我在美育工作中结识多年的学界朋友。他们都是大忙人，可当我发出编写邀请时，他们都是二话没说就答应了。我深知，这里面除了友谊和信任，更有大家对于高校美育工作的热情和责任担当。我对所有编写者表示感谢。

撰写分工如下：

第一章　陆阳秋（渤海船舶职业学院）、李冰（西安航空职业技术学院）

第二章　易晓明（南京师范大学）、叶泽洲

第三章　赵洪（清华大学）、吴妮妮（清华大学）

第四章　孙瑜（西北工业大学）、何茜（西南大学）、丁卓

第五章　何茜（西南大学）、孙瑜（西北工业

大学）、刘韬

第六章 刘惠（电子科技大学）、蔡晓鸥、郝云超、刘洋

第七章 沙家强（河南财经政法大学）、张欣杰（河南财经政法大学）

附　录 吴妮妮（清华大学）

本人负责审稿、修改和统稿，在此过程中，得到孙瑜教授的大力支持，她不仅完成了自己负责的部分，还协助我修改了部分章节。我为她无私的帮助而感动。

在推荐书目撰写之初，我征询了专家意见，得到了王侃（杭州师范大学）、王旭青（上海音乐学院）、吕艺生（北京舞蹈学院）、孔令伟（中国美术学院）、夏燕靖（上海交通大学）、胡志毅（浙江大学）和周星（北京师范大学）等教授的大力支持，谨表谢忱。

安徽教育出版社在我心中有特殊的重要地位，因为这家出版社在几十年来出版了朱光潜、宗白华等一批重要美学家的著作，这些书一直滋养着我，助力我在学术上成长。因此，我们主动把这本书交给安徽教育出版社，也是向这家对我国美学和美育事业发展作出重要贡献的出版社致敬。感谢安徽教育出版社领导的支持，感谢江舟女士和责编的辛勤劳动。

杜　卫

2024 年 2 月 26 日